DIE PALEOKÜCHE

DIE PALEO
KÜCHE

Gesund genießen
mit über 100 Rezepten
aus der Steinzeitküche

PETE EVANS

Fotos von
Mark Roper

INHALT

Vorwort

Es tut sich etwas in der Welt der Profiköche. Täglich wird mehr Menschen klar, dass die Qualität dessen, was wir essen und trinken, direkten Einfluss auf unsere Gesundheit, unsere Ausgeglichenheit, unser Glück und unser allgemeines Wohlbefinden hat. Einige kleine Veränderungen unserer Essgewohnheiten, etwas mehr Aufmerksamkeit bei der Auswahl unserer Lebensmittel, und schon bemerken wir große Verbesserungen in unserem Befinden. Bewusstes Essen hilft vielen Menschen, ihre Gesundheit zurückzugewinnen. Auch mir hat es geholfen, eine als unheilbar geltende Autoimmunerkrankung zu überstehen – und das führe ich zum größten Teil auf meine veränderte Ernährung zurück.

Wenn es um Essen geht, das gesund und glücklich macht, ist wohl kaum ein Koch so leidenschaftlich dabei wie Pete Evans. Dieses Buch macht endlich Schluss mit dem Vorurteil, dass gesundes Essen nicht gleichzeitig auch köstlich sein kann. Die Gerichte aus Petes Küche stecken voller Lust, Leidenschaft und Liebe. Wir müssen einen hohen Preis dafür zahlen, dass wir uns in der Vergangenheit mehr und mehr von den gesunden Lebensmitteln entfernt haben: Wir werden zwar alt, bleiben aber nicht unbedingt gesund. Und selbst wenn die Ernährung vielleicht nur ein kleines Puzzleteil in der wachsenden Gesundheitskrise ist, so ist es doch eines, das wir selbst kontrollieren können. Petes unwiderstehliche Gerichte wie Mutters Hamburger oder Geröstetes Wintergemüse sind lecker und tun gut. Er präsentiert Rezepte, die vertraut und neuartig zugleich sind, und räumt dabei auch gleich radikal mit veralteten Vorstellungen über gesundes Essen auf.

Viele der Diät- und Gesundheitstrends der vergangenen 30 Jahre haben unserem Wohlbefinden mehr geschadet als genutzt. Der Schwerpunkt lag dabei auf Kalorienbeschränkung und industriellen Low-Fat-Produkten. Man verteufelte gesättigte Fettsäuren – inzwischen herrscht weitgehend Klarheit darüber, dass sie nicht die Wurzel unserer ernährungsbedingten Probleme sind – und propagierte eine Lebensmittelpyramide, die entzündungsfördernde Nahrungsmittel wie Vollkornprodukte als Säule unserer Ernährung ansah. In der Zwischenzeit konnte die Paleo-Bewegung in aller Ruhe wachsen. Und mit dieser Ernährungsweise haben viele Menschen – darunter auch ich – erstaunliche Veränderungen in ihrem Körper und große Verbesserungen in ihrem Befinden festgestellt. Sie konnten Hindernisse meistern, die zuvor unüberwindlich schienen. Petes Buch zeigt, dass die Paleoküche für jeden ein Weg mit Richtlinien, aber ohne Regeln ist, auf dem Lebensmittel, Geschmack und Wohlbefinden mit jedem Bissen gefeiert werden.

Seamus Mullen
Küchenchef und Inhaber, Tertulia und El Colmado

ESSEN UND LEBEN, LIEBEN UND LACHEN

Ich liebe Essen! Es bringt Menschen zusammen und weckt Erinnerungen, vor allem aber schafft es die Grundlage für ein dynamisches, aufgeklärtes und erfülltes Leben. Ich bin Koch und habe inzwischen 25 Jahre Berufserfahrung. Nach einer arbeitsreichen Zeit in verschiedenen Küchen eröffnete ich erfolgreich meine eigenen Restaurants und bereitete mit meinen Teams mehr als 1 Million Essen zu. Aber ich wollte mich nicht nur auf die Arbeit in der Küche beschränken, deshalb bin ich inzwischen auch als TV-Moderator und Kochbuchautor tätig. Beide Arbeitsfelder geben mir die Möglichkeit, meine Leidenschaft für gutes und gesundes Essen mit Menschen in aller Welt zu teilen.

Schon immer hat es mich gereizt, Lebensmittel aus aller Herren Länder zu erkunden und zu verarbeiten. Vor einiger Zeit stieß ich auf etwas, das viele für die älteste Methode der Nahrungszubereitung überhaupt halten. Diese spannende, angenehm traditionelle und nährstoffreiche Art, Lebensmittel zu genießen, sprach mein Gehirn wie auch meine Geschmacksnerven an. Sie hallte in mir sehr viel länger nach als jede andere Ernährungslehre, der ich bis dahin begegnet war. Seitdem hat sie mein Leben und das meiner Familie in eine völlig neue Richtung gelenkt und uns Herz, Verstand und Mund für einen wunderbaren Koch- und Ernährungsstil geöffnet: für die Paleoküche!

Ich mache keine halben Sachen. Also recherchierte ich gründlich über diese steinzeitliche Ernährungsform, die auf raffinierten Zucker, Hülsenfrüchte, Getreide und fast alle Milchprodukte verzichtet, – und machte sie mir zu eigen. Als langjähriger Küchenchef und geprüfter Ernährungsberater bin ich sicherlich kompetent genug, um über Ernährung und Diät zu reden. Jetzt aber möchte ich meine Erfahrungen und mein Wissen mit anderen teilen.

Mir ist klar, dass heute kaum noch jemand Zeit hat. Auch ich gehöre zu diesen vielbeschäftigten Menschen. Also muss es möglichst einfach sein, wieder gesund, belastbar und glücklich zu werden, ohne dafür jede Menge Zeit, Mühe und Geld aufzuwenden. Wenn Sie sich auf diese Veränderungen einlassen, dann wird der Paleo-Lebensstil sicher auch bald ein fester Bestandteil Ihres Lebens sein. Und Sie werden sich damit schnell sehr viel fitter fühlen.

Die Paleo-Ernährung soll für Sie von Anfang an eine positive Erfahrung sein – sie soll erfreuen, nicht belasten. Betrachten Sie sie als etwas, das Geschenke und Belohnungen, nicht Mühsal und Entbehrungen bietet. Damit Sie das Konzept dieser Ernährungsweise verstehen, beginne ich mit zehn Punkten, die Sie über die Paleoküche wissen müssen.

1. Nennen Sie's, wie Sie wollen

Lassen Sie sich von Begriffen wie paleolithisch, Höhlenmensch oder Steinzeit nicht abschrecken. Zwar stammen einige Grundsätze dieser Art zu essen und zu leben von unseren jagenden und sammelnden Vorfahren, doch mein Paleo-Stil wird von aktueller Forschung, gesundem Menschenverstand und meiner Erfahrung unterstützt. (Ein guter Einstieg in das Thema ist Nora Gedgaudas' Buch *Primal Body, Primal Mind*.) Die Paleo-Ernährung hat sich nicht erst kürzlich jemand ausgedacht. Sie passt vielmehr die Vorstellung davon, was unsere Ahnen zu gesunden, starken Überlebenskünstlern gemacht hat, dem Leben im 21. Jahrhundert an. Ich nenne meine Kochweise einfach Paleoküche, weil ich sie so kennengelernt habe. Doch nennen Sie es, wie Sie wollen – der Name ist unwichtig, die folgenden neun Punkte sind es dagegen nicht.

2. Eine Lebensweise, kein Trick – und auch keine Diät!

Die Paleoküche ist mehr als eine Liste von erlaubten und verbotenen Lebensmitteln. Es geht auch darum, woher die Lebensmittel stammen, wie sie zubereitet, wann und wie sie gegessen werden. Paleo beeinflusst eigentlich alle Aspekte des Lebens – also auch wie man trinkt, sich bewegt, schläft, atmet, arbeitet und ausruht.

3. Warum die Paleoküche?

Was sind die Vorteile? Und wer braucht Paleo eigentlich? Den meisten von uns tut das tägliche Leben keinen Gefallen: Man ist wenig aktiv, sitzt fast den ganzen Tag am Schreibtisch, arbeitet am Computer und ist gestresst. Wir bekommen nicht genug Schlaf und greifen dann gerne zu koffein- und zuckerhaltigen Getränken, um uns durch den Tag zu retten, und nach Wein, um am Abend zu entspannen. Unsere Lebensmittel sind oft industriell verarbeitet und gute Ernährung bleibt aus Bequemlichkeit häufig auf der Strecke. Wer trainiert, tut das fast immer in einem Raum voller Menschen, ohne Tageslicht und in schlechter Luft.

In unserem technisch so fortschrittlichen Zeitalter werden leider viele irgendwann übergewichtig, erschöpft, gestresst und krank. Und so greifen sie zu Pillen gegen Probleme mit Blutdruck, Verdauung, Blutzuckerspiegel, Stoffwechsel und gegen all die anderen Auswirkungen unserer entzündungsfördernden und krebserregenden Ernährung und Lebensweise.

4. Was gibt's zu essen und zu trinken?

Grundsätzlich setze ich bei meiner Paleoküche auf vollwertige, unverarbeitete Lebensmittel. Ich empfehle, Tiere vom Kopf bis zum Schwanz zu verwerten und nur biologisch und artgerecht aufgezogene, geschlachtete und zerlegte Tiere aus Weidehaltung zu essen. Das ist nachhaltig und am gesündesten für uns und unseren Planeten. Ich greife auch zu Fisch und Meeresfrüchten aus sauberen Gewässern, zu Bio-Geflügel und -Schweinefleisch, zu Wild (falls erhältlich), zu Bio-Obst und -Gemüse, zu Bio-Nüssen und -Samen sowie zu natürlichen Fetten. Ich bin ein großer Fan davon, täglich fermentierte Lebensmittel zu essen, um den Darm bei Laune zu halten. Ich selbst esse keine Milchprodukte, aber andere gestatten sich durchaus Vollmilchjoghurt, bestimmte Käsesorten und naturbelassene Butter von Kühen oder Ziegen, die mit natürlich angebautem Futter ernährt werden.

Die Größe der Portionen und die Zusammenstellung der Mahlzeiten handhabt jeder anders. Meine Faustregel: Pro Person gibt es eine angemessene Portion tierisches Eiweiß (nach Bedarf). Den Hauptanteil der Mahlzeit machen dann ballaststoffreiche Gemüse und Blattgemüse (roh, kurz gegart und/oder fermentiert) aus. Dazu kommen einige Nüsse, Samen, Eier (sofern sie vertragen werden) und so viel natürliches Fett, wie benötigt wird, um den Hunger zu stillen und Gehirn und Nervensystem zu unterstützen. Kräuter und Gewürze dürfen großzügig eingesetzt werden – sie schmecken gut und sind gesund. Sie enthalten zum Beispiel Polyphenole (Antioxidanzien), die vor Volkskrankheiten wie Diabetes und koronarer Herzerkrankung schützen. Nach Belieben kann auch gelegentlich etwas Obst der Saison verzehrt werden.

Auch die Getränke sind wichtig. Meine Familie und ich bevorzugen gefiltertes Wasser. Normalerweise trinke ich 3–4 Liter pro Tag, 1 Liter nach dem Aufwachen und den Rest zwischen den Mahlzeiten. Zum Essen trinke ich möglichst nichts, denn ich will, dass die Enzyme in meinem Magen ihre eigentliche Aufgabe erledigen, nämlich die Nahrung aufspalten. Wenn Sie zum Essen etwas trinken müssen, nehmen Sie nur kleine Schlucke. Um in der Nacht gut schlafen zu können, trinke ich nach dem Abendessen meist nichts mehr, nur manchmal eine Tasse Kräutertee. Besorgen Sie sich einen guten Wasserfilter, der das Leitungswasser von unerwünschten Chemikalien wie Chloriden und Fluoriden befreit und es mineralisiert.

Frisches Kokoswasser ist ein ideales Extra, ebenso wie meine Smoothies und Säfte (s. S. 192–200). Meiden Sie Kaffee oder schränken Sie den Konsum ein, er ist ja bekanntlich ein Suchtmittel. Wählen Sie Kräutertees mit Bedacht aus, denn einige wirken entwässernd. Vermeiden Sie zuckerhaltige Getränke, beispielsweise Limonaden, Sport- und Energydrinks. Und trinken Sie weniger Alkohol oder verzichten Sie ganz darauf. Wenn Sie ein Gläschen genießen, greifen Sie zu Bio-Produkten.

5. Darauf lieber verzichten

Ihre Ernährung wird sich mit der Paleoküche sehr verändern. Aber keine Panik: In diesem Buch finden Sie viele Ideen und leckere Rezepte, dabei werden Sie garantiert nichts vermissen. Denn auch ohne Getreide, Hülsenfrüchte, raffinierten Zucker und konventionelle Milchprodukte bleibt noch genug Raum für Genuss – und Sie werden sich besser fühlen.

Ich habe mich bewusst dafür entschieden, kein Fleisch von Tieren zu verwenden, die nicht artgerecht gehalten und gefüttert wurden, zum Beispiel Käfighühner oder Vieh aus Massentierhaltung. Ich kaufe nur bei Bio-Landwirten, wo ich sicher sein kann, dass das angebotene Fleisch von Tieren stammt, die bei natürlicher Fütterung ein stressfreies Leben führen konnten. Und ich gehe zu Fischern, die ihren Fisch nachhaltig fangen. In der Küche versuche ich stets, das Tier

komplett zu verwerten. Deshalb verwende ich in meinen Rezepten verschiedene Fleischstücke und auch Innereien. Und natürlich meide ich Gemüse, das gentechnisch verändert oder nicht biologisch angebaut wurde, sowie Fertigprodukte.

Viele passen die Paleo-Ernährung ihrem persönlichen Koch- und Lebensstil an. Jemand, der sich streng nach Paleo ernährt, verzichtet beispielsweise auf Milchprodukte, verwendet jedoch Ghee (geklärte Butter, s. S. 7), das im Prinzip reines Fett ist, aber immer noch besser als Transfette. Und auch wenn ich gemäß dem Paleo-Prinzip keine Hülsenfrüchte esse, benutze ich doch in wenigen Rezepten gentechnik- und glutenfreie Bio-Tamari sowie Miso in kleinen Mengen, weil das fermentierte Produkte sind. Wer aber Soja gar nicht anrühren mag, der kann mit *coconut aminos* oder zuckerfreier Fischsauce (s. S. 8) würzen.

Ich rate Ihnen, Ihre Ernährung langsam auf das Paleo-Prinzip umzustellen, damit Körper und Geist sich anpassen können. Lassen Sie zu Beginn einen Monat lang raffinierten Zucker weg, danach Weizen sowie anderes Getreide und zuletzt Milchprodukte. Ihr Körper macht dabei möglicherweise eine Entgiftungsphase durch. Dabei fühlen Sie sich unter Umständen müde und abgeschlagen, vielleicht sogar krank. Aber das ist Teil der Umstellung. Nach einer Weile werden Sie fitter und gesünder sein, und die Lebensmittel, von denen Ihr Körper zuvor abhängig war, haben ihre Macht verloren.

6. Weder Fett noch Kohlenhydrate verdammen

Nicht jedes Fett ist schädlich, einige sind für die Gesundheit sogar unerlässlich. Gleiches gilt für Kohlenhydrate. Leider haben wir im Lauf der Zeit gelernt, tierische Fette zu fürchten und Berge von Getreide zu essen, das gesundheitliche Probleme verstärken kann.

Der Mensch benötigt eine relativ große Menge an guten Fetten. Diese sind für uns tatsächlich besser verträglich und verdaulich als die Kohlenhydrate in Brot und Pasta. Diese guten Fette stecken in

Oliven-, Macadamia- und Kokosöl in Kokosmilch, Avocados, Butter und Ghee, in Fleisch aus Weidehaltung, in fettem Fisch sowie in Nüssen und Samen.

In der Paleoküche gibt es reichlich wertvolle Kohlenhydrate aus Gemüse und Obst. Gestrichen sind dagegen die problematischen Kohlenhydratlieferanten Getreide und raffinierter Zucker – beide häufiger Auslöser von Insulinresistenz, Verdauungsproblemen und Entzündungen.

7. Omega-Fettsäuren ausgleichen

Manche verdrehen schon die Augen, wenn ich das Verhältnis von Omega-3- zu Omega-6-Fettsäuren erkläre. Doch um gesund zu bleiben, muss man verstehen, wie diese Fettsäuren wirken. Einfach ausgedrückt heißt das: Reduzieren Sie die Menge der Omega-6-Fettsäuren, weil sie Entzündungen auslösen. Deshalb sind raffinierte Öle aus Nüssen oder Samen sowie Fleisch von mit Getreide gefütterten Tieren in der Paleoküche komplett gestrichen. Geblieben sind nur die Omega-3-Fettsäuren mit ihren entzündungshemmenden Eigenschaften. Sie stecken in fettem Fisch, Meeresfrüchten, Fischöl, Leinöl und Fleisch von Tieren aus Weidehaltung.

8. Tief durchatmen und oft bewegen – an der frischen Luft und mit anderen

Wer nicht richtig atmet, der nimmt seinem Körper essenziellen Sauerstoff und Lebensenergie. Ich mache täglich Atemübungen – eine einfache, aber effiziente Art, den Körper mit Sauerstoff zu versorgen und gut in den Tag zu starten.

Paleo-Menschen sind immer in Bewegung: Sie betreiben Sportarten wie Krafttraining, CrossFit, Schwimmen, Stehpaddeln, Yoga, Walken, Sprint-Training und Wandern und bekommen viel Vitamin D ab, wenn sie in der Sonne Spaß mit anderen haben. Spielen ist wichtig, Kraft und Fitness entwickeln sich beim Langstreckengehen und beim Gewichtheben mit der richtigen Technik. Sport und Bewegung – was immer Ihnen gefällt, lassen Sie es Teil Ihres Lebens werden.

9. Besserer Schlaf, größeres Glück

Schlafen Sie länger – jede Nacht acht Stunden, so oft es geht –, und chronischer Stress ist Vergangenheit. Der Paleo-Schlaf ist ruhig, tief und wird nicht durch Geräusche oder Licht gestört. Eine Stunde vor dem Schlafengehen gibt es keine digitalen Ablenkungen mehr.

Es gibt Stressphasen – beispielsweise vor einer Prüfung oder einem Vorstellungsgespräch –, die leistungssteigernd sind. Dauerstress – Tag für Tag, Woche für Woche, Monat für Monat – dagegen hat einen zutiefst negativen Einfluss auf Stimmung, Gedächtnis, Gewicht, Immunsystem, Blutdruck, Libido und Fruchtbarkeit. Mit mehr Schlaf und weniger Stress werden Sie bei all diesen Punkten Verbesserungen bemerken.

10. Offen für Neues sein und positiv denken

Die Paleo-Energie belebt seelisch wie auch körperlich. Der Effekt der Paleo-Lebensweise hängt jedoch stark von Ihren Gedanken ab und den Worten, mit denen Sie ihnen Ausdruck verleihen. Statt zu sagen: »Ich darf keinen Kuchen essen« geben Sie Ihrer Entscheidung Sinn und sagen: »Ich habe beschlossen, keinen Kuchen aus diesen Zutaten zu essen.« Das ist etwas ganz anderes, und Sie können von Zeit zu Zeit Kuchen genießen (s. S. 167).

Während Sie Ihrer Gesundheit Gutes tun, soll auch Ihr Verstand nicht darben. Hören Sie nicht auf, zu lernen und Wissen zu erwerben. Schärfen Sie Ihren Verstand, stimulieren Sie ihn und erweitern Sie Ihren Horizont. Neue Bekanntschaften machen, fremde Orte besuchen und in neue Richtungen denken – all dies wird die Auswirkungen Ihrer neuen Art zu essen und zu trainieren noch verstärken.

Nun sind Sie bereit, Körper, Geist und Gaumen mit außergewöhnlichen Zubereitungsarten für die Gaben von Mutter Natur zu überraschen. Feines Essen und neu gewonnene Gesundheit sind nur noch wenige Seiten entfernt.

DIE ZUTATEN

Auf folgenden Seiten stelle ich Ihnen wichtige Zutaten der Paleoküche vor. Einige davon werden wegen der individuellen Unterschiede bei der Paleo-Ernährung nicht von jedem verwendet. Aus diesem Grund gebe ich bei meinen Rezepten wenn möglich immer eine Alternative an, damit die Gerichte für möglichst viele Leser interessant sind. Doch welche Zutat Sie auch wählen, greifen Sie stets zum besten biologischen und nachhaltigen Produkt, das Sie sich leisten können.

EINGEWEICHTE NÜSSE Alle Nüsse sind ein herrlich gesunder Snack und stecken voller Proteine, guter Fettsäuren, Ballaststoffe und wichtiger Mineralstoffe wie Zink, Magnesium und Kalzium. Es empfiehlt sich jedoch, die Nüsse einzuweichen, bevor sie verzehrt oder verarbeitet werden. Dafür legt man sie in gefiltertes Wasser und trocknet oder röstet sie anschließend (s. S. 209). Das löst die Enzyminhibitoren und die Phytinsäure aus den Nüssen und macht die wertvollen Inhaltsstoffe für den Körper leichter verwertbar. Werden die Nüsse nicht eingeweicht, hat das Verdauungssystem Schwierigkeiten, sie aufzuspalten und aufzunehmen.

EIER Die besten Eier kommen von Bio-Freilandhennen, die sich in der Sonne tummeln, Insekten und Pflanzen picken und ein gesünderes, glücklicheres Leben führen dürfen als ihre Kolleginnen in Käfighaltung. Diese Eier schmecken besser, haben härtere Schalen, sind weniger flüssig und haben festere, kräftiger gefärbte Dotter. Außerdem enthalten sie weniger Cholesterin und gesättigte Fettsäuren, dafür aber mehr Vitamin A, E und D, Protein, Betacarotin und Omega-3-Fettsäuren als Eier aus Käfighaltung.

GHEE So nennt man reines Butterfett, das nach dem Entfernen von Milchbestandteilen und Wasser aus der Butter zurückbleibt. Ghee ist deshalb frei von Milchrückständen. Es schmeckt angenehm voll und nussig und liefert reichlich Vitamin A, D, E und K2. Stammt Ghee aus der Milch von Kühen aus Weidehaltung, enthält es natürlicherweise Konjugierte Linolsäure (CLA) sowie Omega-3- und andere essenzielle Fettsäuren. Ghee ist ideal zum Kochen und Backen, wird aber nicht in jeder Paleoküche verwendet. In meinen Rezepten nenne ich immer eine Alternative. Einer meiner Favoriten ist Kokosöl, das aus dem Fleisch reifer Kokosnüsse gewonnen wird und als gesundheitsfördernd gilt.

AHORNSIRUP Er ist, ebenso wie Bio-Honig, eine gesunde Alternative zu Zucker. Der Sirup enthält entzündungshemmende und antioxidative Wirkstoffe und Mineralstoffe wie Zink, Eisen, Kalzium und Kalium. Kaufen Sie nur reinen Ahornsirup, keinen Sirup mit Ahornaroma. Wie jedes Süßungsmittel sollte auch er in Maßen verwendet werden. Verzehrt man zu viel davon, können die Folgen Gewichtszunahme, besorgniserregende Blutfett- und Cholesterinwerte und hoher Blutdruck sein.

FLEISCH UND GEFLÜGEL Greifen Sie bei Fleisch und Geflügel stets nur zur besten Qualität. Zumindest muss das, was Sie kaufen, chemikalien- und hormonfrei sein. Kaufen Sie wenn möglich, Bio-Fleisch von mit Gras gefütterten, auf der Weide gehaltenen Tieren. Es ist vielleicht etwas teurer, aber Ihre Gesundheit und die Umwelt werden es Ihnen danken. Sie können sparen, indem Sie kleine Portionen essen und Schmorfleisch oder nährstoffreiche Innereien wie Leber, Nieren und Herz kaufen. Aus den Knochen lassen sich nahrhafte Brühen zubereiten.

QUINOA Auch wenn Quinoa nicht zu den Getreiden, sondern zu den Pflanzensamen zählt, wird sie von einigen Paleo-Anhängern nicht verzehrt. Die Körner enthalten nämlich viele Kohlenhydrate und können wie Getreide den Darm reizen. Noch ist nicht endgültig entschieden, ob Quinoa zur Paleo-Ernährung gehört. Ich verwende sie in meiner Paleoküche nicht, andere dagegen schon. Hören Sie einfach auf Ihren Körper.

BIO-HONIG Reinen, nicht erhitzten, unpasteurisierten und unverarbeiteten Honig gibt es flüssig oder fest. Er enthält alle natürlichen Vitamine, Enzyme, Phytonährstoffe, Antioxidanzien und andere Bestandteile, die unser Körper braucht. Honig ist ideal, um etwas Süße in herzhafte Speisen, heiße und kalte Getränke und Desserts zu bringen. Übermäßiger Verzehr jedoch kann Gewichtszunahme, krankhafte Fett- und Cholesterinwerte und hohen Blutdruck zur Folge haben.

SALZ In der Alltagsküche verwende ich reines, unverarbeitetes Salz, z. B. Meersalz oder Himalayasalz. Zu meinen Favoriten gehört das mineralstoffreiche Himalayasalz. Das rosafarbene Kristallsalz ist Millionen Jahre alt und frei von den Giftstoffen und Umweltbelastungen, die viele Meersalze verunreinigen. Häufig wird es in Form von großen Kristallen angeboten, doch es gibt auch fein gemahlenes Himalayasalz. In diesem Salz kommen viele Mineralstoffe und Elemente natürlich vor: Spuren von Natrium, Magnesium, Kalzium, Kupfer und Eisen, das für die hübsche Färbung verantwortlich ist. Dagegen vermeide ich klassisches jodiertes Salz, weil es stark verarbeitet und gebleicht ist und Aluminium enthalten kann.

FISCH UND MEERESFRÜCHTE Sie sind wunderbare Lieferanten von Protein, Vitaminen, Mineralstoffen und Omega-3-Fettsäuren. Als Koch verarbeite und esse ich gerne Fisch und Meeresfrüchte, als begeisterter Fischer, Surfer und Vater liegt mir die Zukunft unserer Ozeane am Herzen. Die Meere verbinden alle Kontinente und formen alle Küsten. Sie kontrollieren das Klima und produzieren den Großteil des Sauerstoffs, den wir atmen. Heute ist es wichtiger denn je, Fisch und Meeresfrüchte aus nachhaltiger Fischerei zu wählen und das Überfischen und Verschmutzen der Ozeane und anderer Gewässer zu stoppen. Laut der Welternährungsorganisation (FAO) sind Fisch und Meeresfrüchte für mehr als 1 Milliarde Menschen die wichtigste Eiweißquelle, und mehr als 200 Millionen Existenzen hängen von der Fischerei ab. Gesunde Fischbestände und Meeres-Ökosysteme sind nicht nur für das Wohl der Ozeane, sondern auch für das der Menschen und ihrer Wirtschaft unerlässlich.

Greifen Sie zu Fisch und Meeresfrüchten aus nachhaltiger Fischerei, so helfen Sie, die marine Umwelt und die Bestände zu schützen. Doch wie erkennt man sicher nachhaltige Ware? Eine Möglichkeit ist das blaue Ökolabel des Marine Stewardship Councils (MSC). Fisch und Meeresfrüchte mit diesem Siegel lassen sich bis zu einem zertifiziert nachhaltig arbeitenden Fischereibetrieb zurückverfolgen. Andere Organisationen wie der World Wildlife Fund (WWF) sind ebenfalls gute Quellen.

TAMARI Die aus fermentierten ganzen Sojabohnen hergestellte Sauce schmeckt kräftiger und weniger salzig als herkömmliche Sojasauce. Zudem ist sie in der Regel glutenfrei. (Beachten Sie dazu das Etikett auf der Flasche.) Natürlich entspricht Tamari nicht ganz der Paleo-Philosophie, da sie aus Sojabohnen hergestellt wird, doch sie ist fermentiert. Ich verwende Tamari in geringen Mengen bei einigen Rezepten. Falls Sie die Sauce nicht einsetzen möchten, ist *coconut aminos* (Bezugsquellen s. S. 212), eine sojafreie Würzsauce aus Kokospalm-Blütensaft, eine gute Alternative. Sie schmeckt ähnlich, ist aber etwas weniger salzig und enthält mehr Aminosäuren, Vitamin B und C sowie Mineralstoffe.

Einer der größten Koch- und Ernährungstrends sind fermentierte oder milchsauer vergorene Lebensmittel. Der Fermentation verdankt Kefir seine Säure und Miso seine Umami-Note. Diese traditionell fermentierten Lebensmittel sind kulinarisch gesehen eine eigene Kategorie und gehören zu den Lebensmitteln mit der höchsten Nährstoffdichte.

DIE KRAFT FERMENTIERTER LEBENSMITTEL

Aber was können fermentierte Lebensmittel eigentlich? Die Fermentation bewahrt Nährstoffe, Vitamine und Enzyme in Lebensmitteln. Darüber hinaus bilden sich bei der Fermentation zusätzlich noch Enzyme, organische Säuren und Vitamine wie B und K, die im Lebensmittel ursprünglich gar nicht enthalten waren. Gerade diese Produktion von Enzymen ist besonders wichtig, denn mit steigendem Alter stehen unserem Körper immer weniger eigene Enzyme zur Verfügung, die ihm beim Aufschließen der Nährstoffe helfen.

Fermentierte Lebensmittel sind gut für den Darm, wo sich etwa 70 Prozent des Immunsystems befinden. Sie stärken das Immunsystem, verbessern die Verdauung, eliminieren Giftstoffe, können die Darmflora wieder ins Gleichgewicht bringen und Nährstoffe besser verwertbar machen. Außerdem enthält fermentiertes Gemüse reichlich Milchsäurebakterien und Milchsäuren. Diese Bakterien und die Stoffe, die sie produzieren, verändern den pH-Wert im Darm. Das hat zur Folge, dass sich unerwünschte Bakterien sowie Schimmel und Hefen wie Candida nicht so stark vermehren können.

Schließlich sorgt Fermentation dafür, dass Lebensmittel länger haltbar sind, ohne dass man chemische Konservierungsmittel zusetzen muss. Lebensmittel selbst milchsauer zu vergären, ist relativ preiswert und viel billiger als gekaufte Probiotika. Außerdem sind selbst fermentierte Lebensmittel eine Bereicherung für Ihre Mahlzeiten.

Drei Regeln für das Fermentieren von Lebensmitteln:

1. Verwenden Sie nur gefiltertes Wasser. Leitungswasser kann Chloride enthalten. Diese hemmen das Wachstum der nützlichen Bakterien, das bei der Milchsäuregärung unterstützt werden soll.

2. Verwenden Sie unraffiniertes Meersalz. Tafelsalz enthält Jod und Rieselhilfen, die die Fermentation hemmen, indem sie die notwendigen Hefen neutralisieren.

3. Stellen Sie sicher, dass sich das Gärgefäß luftdicht verschließen lässt. Das ideale Gefäß ist aus bleifreiem Glas, sodass keine Chemikalien in das milchsauer vergorene Lebensmittel eindringen können.

Für die Milchsäuregärung ist ein anaerobes (also sauerstofffreies) Milieu erforderlich. Nur darin können die Milchsäurebakterien gedeihen, sich vermehren und die Menge der Probiotika erhöhen. Sauerstoff neutralisiert die Milchsäurebakterien und kann dazu führen, dass sich Schimmel, unerwünschte Hefen und krank machende Keime ansiedeln.

Gefäße mit lockeren Verschlüssen, wie Einmachgläser oder Steinguttöpfe, eignen sich eher für die Herstellung von Essig und Kombucha. Beide benötigen Sauerstoff, damit die Fermentation mit Essigsäure vonstatten gehen kann.

FRÜHSTÜCK

✕

10

Manchmal gönnen wir uns in der Familie Pfannkuchen. Das ideale Frühstück sind sie natürlich nicht, gebratenes Gemüse wäre besser. Dieses Rezept enthält jedoch keine der üblichen Pfannkuchenzutaten wie Weizenmehl, raffinierten Zucker oder Milch und ist deshalb akzeptabel. Die Früchte können Sie je nach Jahreszeit variieren. Und falls Sie das Bedürfnis nach Gemüse und Speck als Beilage haben, greifen Sie zu! Noch ein Tipp: Halten Sie die Pfannkuchen klein und lassen Sie sich beim Backen nicht ablenken, sonst brennen sie an.

HASELNUSS-BANANEN-PFANNKUCHEN
FÜR 2 PERSONEN

4 Eier

6 EL Mandelmilch
(s. Nussmilch S. 192)

2 EL Bio-Honig

¼ TL gemahlene Vanille

100 g Haselnusskerne, eingeweicht
(s. S. 209) und gemahlen

1½ EL Kokosmehl

2 TL Backpulver

1 Prise gemahlener Zimt

1 Prise Meersalz

Kokosöl oder Ghee zum Braten

2 Bananen, in Scheiben
geschnitten

Zum Servieren

Ghee, zerlassen

frisch gepresster Zitronensaft

flüssiger Bio-Honig oder Ahornsirup
(nach Belieben)

frische Früchte (z. B. Beeren und
Steinobst)

geröstete Kokosflocken

Kokoscreme

Die Eier in einer kleinen Schüssel etwa 2 Minuten schaumig schlagen. Mandelmilch, Honig und Vanille einrühren.

Haselnüsse, Kokosmehl, Backpulver, Zimt und Meersalz in einer großen Schüssel mischen. Die Eiermischung dazugießen und unterrühren, bis das Kokosmehl vollständig untergemischt ist.

Eine große Pfanne mit Kokosöl ausfetten und bei mittlerer Hitze heiß werden lassen. Pro Pfannkuchen einige Esslöffel Teig in die Pfanne geben und mit dem Löffelrücken zu dicken Küchlein (etwa 8 cm ⌀) verstreichen. Die Pfannkuchen jeweils mit einigen Bananenscheiben belegen und einige Minuten braten, bis die Oberfläche leicht trocken wird und die Unterseite bräunt. Dann wenden und noch 40 Sekunden weiterbraten, bis die Pfannkuchen aufgegangen sind. Die fertigen Pfannkuchen aus der Pfanne nehmen. Mit dem restlichen Teig wiederholen.

Die heißen Pfannkuchen mit zerlassenem Ghee, Zitronensaft und nach Belieben mit Honig beträufeln. Mit Früchten, gerösteten Kokosflocken und Kokoscreme servieren.

Am liebsten beginne ich meinen Tag mit ein oder zwei Avocados zum Frühstück. Sie besitzen reichlich einfach ungesättigte Fettsäuren, die der Körper in Energie umwandelt, aber nur wenig Fruchtzucker. Deshalb lässt ihr Verzehr den Insulinspiegel auch nicht in die Höhe schnellen. Außerdem enthalten sie viele andere gesundheitsfördernde Stoffe wie Kalium (mehr als Bananen), Vitamin B und E, Folsäure und Ballaststoffe. Dieses wunderbare Rezept lässt sich ganz einfach zubereiten. Und falls Sie gerade abnehmen wollen: Das Gericht schmeckt auch ohne die Rösti hervorragend.

SÜSSKARTOFFELRÖSTI
MIT POCHIERTEM EI, SPINAT, AVOCADO & RÄUCHERLACHS
FÜR 4 PERSONEN

Für die Rösti
600 g Süßkartoffeln, geschält und geraspelt
2 Eier
1 EL gehackte glatte Petersilie
Meersalz und schwarzer Pfeffer
2–3 EL Kokosöl, Entenschmalz oder Ghee

Für pochierte Eier und Spinat
2 EL naturtrüber Apfelessig
4 Eier
Kokosöl zum Braten
1 Knoblauchzehe, zerdrückt
2 große Handvoll junger Blattspinat

Zum Servieren
2 EL Lachskaviar
8 Scheiben geräucherter Wildlachs oder anderer Räucherfisch
1 Avocado, das Fruchtfleisch in Scheiben geschnitten
8 Kapernäpfel, halbiert
¼ Bund Dill, die Spitzen abgezupft
4 Zitronenspalten

Für die Rösti die Süßkartoffelraspel kräftig ausdrücken. Dann mit Eiern und Petersilie verrühren und mit Salz und frisch geschrotetem Pfeffer würzen.

Eine große beschichtete Pfanne bei mittlerer bis starker Hitze heiß werden lassen und 1 EL Öl darin zerlassen. Pro Rösti 2 EL Süßkartoffelmasse in die Pfanne setzen und flach drücken. Die Rösti 2–3 Minuten braten, bis die Unterseite bräunt. Wenden und die zweite Seite ebenfalls braun braten. Die Rösti herausnehmen und auf einem Backblech im Backofen bei schwacher Hitze warm halten. So fortfahren, bis die Süßkartoffelmasse aufgebraucht ist.

Inzwischen für die pochierten Eier in einem Topf Wasser aufkochen. Essig und etwas Meersalz hineingeben und das Wasser bei schwacher bis mittlerer Hitze köcheln lassen. Jedes Ei in eine Tasse aufschlagen. Das Wasser mit einem Kochlöffel kräftig in eine Richtung rühren, sodass sich ein kleiner Strudel bildet. Die Eier nacheinander in die Mitte des Strudels gleiten lassen und 3 Minuten pochieren. Danach mit einem Schaumlöffel herausheben und auf Küchenpapier abtropfen lassen.

Für den Spinat wieder etwas Öl in der Pfanne erhitzen und den Knoblauch darin anschwitzen, bis er duftet. Den Spinat zugeben und in 1–2 Minuten zusammenfallen lassen. Mit Salz und Pfeffer würzen. Herausnehmen und auf Küchenpapier oder einem Geschirrtuch gut abtropfen lassen. (So bleiben die Rösti beim Servieren schön knusprig.)

Die Rösti auf vier Tellern anrichten und den Spinat darauf verteilen. Jeweils 1 pochiertes Ei und ½ EL Kaviar daraufsetzen und Räucherlachs, Avocadoscheiben, Kapernäpfel, Dill und Zitronenspalten daneben anrichten. Mit Salz und Pfeffer bestreut servieren.

In meiner Kindheit aß ich fast jeden Tag Kuhmilchjoghurt – und niemand merkte, dass ich laktoseintolerant war. Meine Mutter führte mein ständiges Niesen vielmehr auf mein schwaches Immunsystem zurück. Jetzt habe ich mehr als 20 Jahre kaum mehr Milchprodukte gegessen, und meine Gesundheit hat sehr davon profitiert! Dieser Joghurt wird mit frischem Kokosnussfruchtfleisch hergestellt und mit einem Süßungsmittel nach Wahl gesüßt. Er steckt voller gesunder probiotischer Bakterien und schmeckt solo, mit frischen Beeren oder mit Knuspermüsli (s. S. 26).

KOKOS-VANILLE-JOGHURT

ERGIBT ETWA 600 ml

4 junge grüne Kokosnüsse
(Bezugsquellen, s. S. 212)

2 EL Zitronensaft

Mark von 1–2 Vanilleschoten
oder ½ TL gemahlene Vanille

Ahornsirup, Bio-Honig oder
Steviablattpulver

2 probiotische Joghurt-
kapseln (aus Apotheke oder
Reformhaus)

Außerdem
Einmachglas oder Glaskrug
(1 l Inhalt)

Die Kokosnüsse oben öffnen, das Kokoswasser in einen Messbecher gießen und 125 ml abmessen. Das Fruchtfleisch aus den Schalen lösen und grob hacken. Die Stücke mit dem abgemessenen Kokoswasser, Zitronensaft, Vanillemark und Ahornsirup nach Geschmack im Mixer fein pürieren. Je nach gewünschter Konsistenz eventuell noch etwas Kokoswasser dazugießen. Die Joghurtkapseln öffnen und den Inhalt kurz unter die Kokosmasse rühren.

Den Joghurtansatz in das Einmachglas füllen und mit dem Deckel verschließen. Den Ansatz 5–12 Stunden bei Raumtemperatur ruhen lassen. (In dieser Zeit vermehren sich die Joghurtbakterien und wandeln den Zucker in Milchsäure um.) Je länger der Joghurt reift, desto säuerlicher wird er. Den fertigen Joghurt zugedeckt in den Kühlschrank stellen. So gelagert ist der Kokosjoghurt 1 Woche haltbar.

Eier mag ich sehr. Ich esse täglich zwei bis vier Stück: Roh rühre ich sie in meine Smoothies oder das Eigelb in selbst gemachte Mayonnaise. Daneben genieße ich sie als Rühr- oder Spiegeleier, pochiert, weich gekocht oder als Omelett. Und wenn ich mal Enteneier bekomme, bin ich besonders glücklich! Eier sind ein natürliches Superfood, manche behaupten, sie seien besser als jedes Multivitaminpräparat. Dieses Eiergericht schmeckt meiner Familie besonders, meine Kinder haben es sogar zu ihrem Lieblingsfrühstück erklärt! Sie mögen Lachskaviar und tauchen Spargel und Brot gerne ins weiche Eigelb.

WEICH GEKOCHTE EIER
MIT LACHSKAVIAR & SPARGEL
FÜR 4 PERSONEN

Für das Dressing

3 EL natives Olivenöl extra oder Macadamiaöl

½ Schalotte, fein gewürfelt

1 EL naturtrüber Apfelessig

1 TL gehackte glatte Petersilie

½ TL fermentierter Senf (s. S. 206)

Meersalz und schwarzer Pfeffer

Für Eier und Spargel

8 Eier

400 g grüner und/oder weißer Spargel, geschält, geputzt und längs halbiert

4 Scheiben Brot mit Samen & Nüssen (s. S. 22)

80 g Lachskaviar

Für das Dressing das Öl mit Schalottenwürfeln, Essig, Petersilie und Senf verquirlen. Mit Meersalz und frisch geschrotetem Pfeffer würzen und beiseitestellen.

Die Eier in einen großen Topf legen und mit kaltem Wasser bedecken. Das Wasser aufkochen und 4 Minuten sprudelnd kochen lassen. Bei dieser Kochzeit sind die Eigelbe noch weich. Für ein wachsweiches oder hart gekochtes Eigelb die Kochzeit verlängern.

Inzwischen den Spargel etwa 1 Minute in sprudelnd kochendem Salzwasser bissfest garen. In ein Sieb abgießen. Den Spargel mit dem Dressing mischen und mit Meersalz und Pfeffer abschmecken.

Die Brotscheiben toasten. Brot und Spargel auf vier Tellern anrichten. Die weich gekochten Eier köpfen, in Eierbecher setzen und danebenstellen. Jedes Ei mit etwas Lachskaviar garnieren und nach Belieben mit geschrotetem Pfeffer bestreuen.

Zu diesem kräftigen Frühstücksgericht hat mich ein Streetfood-Klassiker aus Thailand inspiriert. Mit Chilis dürfen Sie hier großzügig sein – vorausgesetzt, Sie vertragen die Schärfe. Sie können jedes Hackfleisch dafür verwenden, probieren Sie zur Abwechslung mal gehacktes Hähnchenfleisch. Am besten schmeckt Hackfleisch mit einem hohen Fettgehalt. Thai-Basilikum hat ein himmlisches Aroma. Falls Sie keines bekommen, ersetzen Sie es durch normales Basilikum oder Koriandergrün. Gedünsteter Spinat, Grünkohl oder Brokkoli sind eine feine und gesunde Beilage dazu.

PFANNENGERÜHRTES RINDFLEISCH
MIT BASILIKUM, CHILI & SPIEGELEI
FÜR 2 PERSONEN

Für die scharf-saure Sauce

80 ml Fischsauce

Saft von 2 Limetten

4 Vogelaugenchilischoten, in feine Ringe geschnitten

1 Knoblauchzehe, zerdrückt

1 TL frisch geriebener Ingwer

1 TL Bio-Honig (nach Belieben)

gehacktes Koriandergrün

Für das Fleisch

3 EL Kokosöl, plus mehr bei Bedarf

2 Eier

2 rote Chilischoten, entkernt und in Ringe geschnitten

3 Knoblauchzehen, zerdrückt

300 g Rinderhackfleisch

125 ml Hühnerbrühe (s. S. 202)

1 EL Fischsauce

1 EL Tamari (glutenfreie Sojasauce, nach Belieben) oder *coconut aminos* (aus dem Internet, s. S. 212)

1 TL Bio-Honig (nach Belieben)

¼ TL chinesisches Fünf-Gewürze-Pulver

2 große Handvoll Thai-Basilikum-Blätter

Meersalz und schwarzer Pfeffer

Für die Sauce in einer kleinen Schüssel Fischsauce, Limettensaft, Chilis, Knoblauch, Ingwer und nach Belieben Honig verrühren. Die Sauce mindestens 1 Stunde, besser 1 Tag durchziehen lassen. (Je länger sie zieht, desto kräftiger wird sie.)

Für das Fleisch einen Wok oder eine große Pfanne bei mittlerer bis starker Hitze heiß werden lassen. 1 EL Kokosöl hineingeben und durch Schwenken verteilen. 1 Ei in die Mitte aufschlagen und 1–2 Minuten braten. Den Wok dabei vorsichtig rütteln, damit das Ei nicht anhängt. Das Ei mit einem Pfannenwender herausheben und auf einem Teller warm halten. Das zweite Ei ebenso braten, dabei eventuell noch Kokosöl in die Pfanne geben.

Den Wok danach bei starker Hitze sehr heiß werden lassen. 2 EL Kokosöl hineingeben und durch Schwenken verteilen. Chilis und Knoblauch darin 1 Minute braten. Das Fleisch zugeben und 2 Minuten pfannenrühren. Die Brühe dazugießen und 3 Minuten köcheln lassen. Fischsauce, Tamari, nach Belieben Honig und Fünf-Gewürze-Pulver einrühren. Das Basilikum unterheben und den Wok vom Herd nehmen.

Das Rindfleisch mit Meersalz und frisch geschrotetem Pfeffer abschmecken. Auf zwei Tellern anrichten und jeweils ein Spiegelei darauflegen. Die Sauce mit dem Koriandergrün bestreuen und dazu servieren.

Mir ist klar, dass viele eine Abneigung gegen Veränderungen haben. Bei einigen ist die Angst davor, das Frühstücksbrötchen oder das geliebte Pausenbrot für die Paleo-Ernährung aufgeben zu müssen, besonders groß – vor allem, wenn sie danach fast süchtig sind. Aber gerade für diese Gruppe gibt es eine gesunde, köstlich sättigende und schlaue Alternative zu modernem Brot. (Selbst in glutenfreiem Brot verbergen sich ja manchmal ziemlich ungesunde Zutaten.) Wenn ich Lust habe, belege ich mir eine Scheibe von diesem herzhaften Brot mit Avocado, fermentiertem Gemüse und reichlich Kräutern– probieren Sie's aus.

BROT MIT SAMEN & NÜSSEN

ERGIBT 1 BROT

je 4 EL Sonnenblumenkerne und Kürbiskerne, eingeweicht (s. S. 209) und gehackt

2 EL Chia-Samen

50 g Mandeln, eingeweicht (s. S. 209) und gehackt

155 g Mandelmehl

25 g LSM-Mehl (s. S. 209)

2 EL Kokosmehl

1 TL Speisenatron

6 Eier

70 g Kokosöl, zerlassen

1 EL Bio-Honig

1 EL naturtrüber Apfelessig

½ TL Meersalz

Außerdem
Kastenform (20 cm lang)

Kokosöl, zerlassen, und Backpapier für die Form

Den Backofen auf 160°C vorheizen. Die Kastenform mit Kokosöl fetten und mit Backpapier auslegen. Sonnenblumenkerne, Kürbiskerne und Chia-Samen in einer Schüssel mischen. Davon 3 EL abnehmen und zum Bestreuen beiseitestellen. Gehackte Mandeln, Mandelmehl, LSM-Mehl, Kokosmehl und Natron unter den restlichen Kernemix in der Schüssel mischen. Eier, Kokosöl, Honig, Essig und Meersalz zugeben und alles gründlich mischen. Die Masse in die Form füllen, glatt streichen und mit der übrigen Kernemischung bestreuen.

Das Brot im heißen Ofen 45–50 Minuten backen, bis es goldbraun ist. Zur Garprobe einen Holzspieß in die Mitte des Brots stechen. Haftet beim Herausziehen kein Teig mehr daran, ist das Brot durchgebacken. (Die Stäbchenprobe ist nötig, da dieses Brot dichter ist als normales Brot. Deshalb klingt es beim Draufklopfen auch nicht hohl.)

Das Brot aus dem Ofen nehmen und auskühlen lassen. Dann aus der Form lösen. In Frischhaltefolie gewickelt ist es im Kühlschrank bis zu 5 Tage oder tiefgekühlt bis zu 3 Monate haltbar.

Tipp: Für ein etwas süßeres Brot mit den Eiern zusätzlich 6 fein gehackte Medjool-Datteln unterrühren.

Das Mark von Rinderknochen schmeckt nicht nur köstlich, sein Verzehr fördert auch die Hirnfunktion, hält die Knochen gesund, unterstützt das Immunsystem und beschleunigt den Heilungsprozess bei Verletzungen und Brüchen. Rindermark ist eine meiner Lieblingszutaten, denn es gibt vielen Gerichten Üppigkeit und eine einzigartige Textur. In diesem Rezept kommt das Mark in eine kräftige Brühe und wird mit Spargel, weich gekochten Eiern und Kapern kombiniert. Für meinen Geschmack ein großartiges Frühstück, Mittag- oder Abendessen, das dem Körper Wärme und Wohlbehagen schenkt.

SPARGEL
MIT WEICH GEKOCHTEM EI, KAPERN & RINDERMARKBRÜHE
FÜR 4 PERSONEN

1 kg Markknochen vom Rind, in 5 cm dicke Scheiben gesägt

1 l Rinderbrühe (s. S. 203)

1 TL naturtrüber Apfelessig

1 TL Thymianblättchen

Meersalz und schwarzer Pfeffer

2 Bund grüner Spargel, geputzt

4 zimmerwarme Eier

2 EL Ghee oder Kokosöl, plus mehr nach Bedarf

2 Knoblauchzehen, zerdrückt

2 EL sehr kleine Kapern (Nonpareilles), abgespült

2 EL Pinienkerne, geröstet

Sauerampfer (am besten Blutampfer)

Für die Rindermarkbrühe das Mark aus den Knochen drücken und in 1 cm dicke Stücke schneiden. Die Brühe in einem Topf bei mittlerer Hitze aufkochen und in 15–20 Minuten auf etwa 350 ml einkochen lassen. Die Brühe mit Essig, Thymian, Meersalz und frisch geschrotetem Pfeffer würzen und warm stellen.

In der Zwischenzeit den Spargel etwa 1 Minute in sprudelnd kochendem Salzwasser bissfest garen. Herausheben, kalt abschrecken und beiseitelegen.

Für die Eier in einem Topf Wasser bei mittlerer Hitze aufkochen, dann bei schwacher Hitze köcheln lassen. Die Eier hineinlegen und in 4½ Minuten weich kochen (für härtere Eier die Kochzeit verlängern). Die Eier kalt abschrecken und pellen, dann beiseitelegen.

Eine Pfanne bei mittlerer Hitze heiß werden lassen und das Ghee darin zerlassen. Den Knoblauch darin etwa 1 Minute braten, bis er Farbe annimmt. Spargel und Kapern zugeben, mit Salz und Pfeffer würzen und unter Rühren 30 Sekunden mitbraten.

In einer zweiten Pfanne etwas Ghee zerlassen und das Rindermark darin bei mittlerer Hitze von jeder Seite 40 Sekunden braten, bis es leicht gebräunt ist. Die reduzierte Brühe dazugießen und aufkochen lassen. Die Pfanne vom Herd nehmen.

Den Spargel auf vier Tellern anrichten und mit dem Kapernsud beträufeln. Die Eier längs halbieren und auf den Spargel legen. Alles mit Pinienkernen und Sauerampfer bestreuen und großzügig mit Brühe beträufeln. Zuletzt die Eier mit Pfeffer übermahlen und servieren.

Knuspriges Müsli, Kokosschlagsahne und Beerenpüree werden Schicht für Schicht zu einer himmlischen Paleo-Köstlichkeit. Und die schmeckt nicht nur zum Frühstück, sondern auch als feine Zwischenmahlzeit oder elegantes Dessert. Die Müslimischung ist schnell und einfach zubereitet. Rösten Sie am besten gleich mehr davon, denn was Sie nicht sofort brauchen, können Sie in einer luftdicht schließenden Dose im Kühlschrank aufbewahren. Das Knuspermüsli schmeckt auch auf einer Kugel von Ihrem Lieblings-Paleo-Eis oder in einem Smoothie. Noch ein Tipp: Die Kokossahne muss zum Schlagen sehr kalt sein.

MÜSLI-BEEREN-BECHER
MIT KOKOSSAHNE
FÜR 4 PERSONEN

Für das Knuspermüsli
80 g Leinsamen
40 g Kürbiskerne
3 EL Sesamsamen
80 g Mandeln, eingeweicht (s. S. 209)
50 g Kokosraspel

200 g TK-Beerenmischung
2½ EL Bio-Honig
1 Apfel, geraspelt
1 große Möhre, geschält und geraspelt
4 EL Gojibeeren, 10 Minuten in 125 ml Wasser eingeweicht, abgegossen und abgetropft
375 ml kalte Kokossahne

Zum Servieren (nach Belieben)
Kakaobohnensplitter
frische Beeren
Minzeblättchen

Für das Knuspermüsli den Backofen auf 180 °C vorheizen, drei Backbleche mit Backpapier belegen. Leinsamen, Kürbiskerne und Sesam auf einem Blech verteilen und im Ofen in 8–10 Minuten goldbraun rösten. Die Mandeln auf dem zweiten Blech ebenfalls 8–10 Minuten zartbraun rösten. Die Kokosraspel auf dem dritten Blech 2–3 Minuten goldgelb rösten. Alle gerösteten Zutaten in einer großen Schüssel mischen und abkühlen lassen.

Inzwischen die Beeren in einem Topf mit 2 EL Honig mischen. Dann bei schwacher bis mittlerer Hitze köcheln lassen, bis sie saucenartig sind. Die Beeren mit einer Gabel zu Püree zerdrücken.

Apfel, Möhre und Gojibeeren unter die Müslimischung heben.

Die Kokossahne mit dem restlichen Honig in die Schüssel der Küchenmaschine oder eine Rührschüssel geben. Mit dem Schneebesen der Küchenmaschine oder dem Handrührgerät auf höchster Stufe etwa 5 Minuten schlagen, bis sich weiche Spitzen bilden.

Jeweils 2 EL Knuspermüsli in vier Gläser geben. Einige Kokossahnetupfen daraufsetzen und mit Beerenpüree beträufeln. So fortfahren, bis die Gläser gefüllt sind. Die Gläser nach Belieben mit Kakaobohnensplittern, frischen Beeren und Minzeblättchen dekorieren und servieren.

Dieses Gericht sieht komplizierter aus als es ist. Es schmeckt zum Frühstück oder als leichtes Mittag- oder Abendessen. Wenn Sie wenig Zeit haben, braten Sie zuerst die Zutaten und geben Sie dann die Eier dazu – das ergibt ein köstliches Rührei. In diesem Fall brauchen Sie eigentlich keine Brühe, doch machen 125 ml das Gericht schön leicht. Dashipulver wird aus einer Mischung aus trocken fermentiertem Thunfisch (katsuobushi) und Algen hergestellt. Es bringt eine feine Umami-Note ins Spiel, eine der fünf Geschmacksrichtungen in Japan.

GARNELENOMELETT
MIT DASHI-BRÜHE & ASIA-GEMÜSE
FÜR 2 PERSONEN

Für Brühe und Kohl
2,5 cm frischer Ingwer, geschält und in feine Stifte geschnitten

½ rote Chilischote, entkernt und halbiert

1 TL (4 g) Dashipulver

1 EL Tamari (glutenfreie Sojasauce) oder *coconut aminos* (aus dem Internet, s. S. 212)

150 g Pak Choi, Choi sum (Blatt-kohl) und/oder Chinesischer Brok-koli, grob zerkleinert

Meersalz und schwarzer Pfeffer

Für das Omelett
3 Eier

1 EL Fischsauce

½ TL Bio-Honig

1 Prise gemahlene Kurkuma

2½ EL Ghee oder Kokosöl

8 rohe Garnelen, geschält, Schwanz-fächer, Kopf und Darmfaden entfernt

4 Shiitake-Pilze, in Scheiben geschnitten

1 Frühlingszwiebel, fein gehackt

40 g Mungobohnensprossen

1½ TL Tamari (glutenfreie Soja-sauce) oder *coconut aminos* (aus dem Internet, s. S. 212)

Zum Servieren
Bonitoflocken

schwarze Sesamsamen

geröstetes Sesamöl

Frühlingszwiebelstreifen

Asia-Grünkräuter (Microgreens, nach Belieben)

Für die Dashibrühe Ingwer, Chili, Dashipulver, Tamari und 600 ml Wasser in einem Topf bei mittlerer bis starker Hitze aufkochen und 5 Minuten köcheln lassen. Den Kohl in die Brühe geben und in etwa 10 Minuten weich garen. Nach Geschmack mit Meersalz und frisch geschrotetem Pfeffer würzen. Danach in ein Sieb abgießen, dabei die Brühe auffangen. Den Kohl auf Küchenpapier abtropfen lassen und beiseitestellen. Die Brühe warm halten.

Inzwischen für das Omelett die Eier in einer Schüssel mit Fischsauce, Honig und Kurkuma verquirlen. Beiseitestellen. Eine Pfanne bei mittlerer bis starker Hitze heiß werden lassen. Darin 1 EL Ghee erhitzen und die Garnelen von jeder Seite 40–50 Sekunden braten, bis sie außen leicht gebräunt, innen aber noch glasig sind. Salzen, pfeffern und beiseitestellen.

Eine zweite Pfanne bei mittlerer Hitze erwärmen. Darin 1 EL Ghee erhitzen und die Pilze in etwa 2 Minuten weich braten. Frühlingszwiebel, Sprossen und Tamari einrühren. Abgetropf-ten Kohl und Garnelen untermischen und 1 Minute mitgaren. Danach beiseitestellen.

Für das Omelett eine beschichtete Pfanne (25 cm Ø) bei mittlerer Hitze erwärmen und das restliche Ghee darin erhitzen. Die Eiermasse hineingeben und durch Schwenken verteilen. Das Omelett 40–60 Sekunden backen, bis es auf der Unterseite leicht gebräunt und oben noch feucht ist. Auf ein Schneidebrett gleiten lassen und den Gemüse-Garnelen-Mix mittig als Streifen daraufgeben. Das Omelett aufrollen und die Rolle halbieren. Jede Hälfte in einen tiefen Teller setzen und mit warmer Brühe übergießen. Mit Bonitoflocken und Sesam bestreuen und mit Sesamöl beträufeln. Das Omelett mit Frühlingszwiebeln und nach Belie-ben mit Asia-Grünkräutern bestreuen und servieren.

Süßholzwurzel, auch Lakritze genannt, ist eine wunderbare Zutat mit beachtlicher Heilwirkung und einem einzigartigen süßen Geschmack. Ich würze damit gerne Smoothies, Fonds, Schmorgerichte, Burger und Frikadellen. Auf diesen hier liegen Spiegeleier. Sticht man das Eigelb an, läuft es über das Fleisch und wird zu einer leckeren Sauce – eine göttliche Kombination. Sie können noch gebratene Pilze oder Brokkoli hinzufügen und das Gericht als Frühstück, Mittag- oder Abendessen servieren. Wenn Sie keine Süßholzwurzel bekommen, würzen Sie die Fleischmasse einfach mit Kreuzkümmel.

LAKRITZFRIKADELLEN
MIT SPIEGELEI & MANGOLD
FÜR 4 PERSONEN

1 EL gemahlene Süßholzwurzel oder gemahlener Kreuzkümmel

½ TL Gewürznelken

¼ TL Koriandersamen

¼ TL weiße Pfefferkörner

Meersalz und schwarzer Pfeffer

550 g Schweinehackfleisch

2 Knoblauchzehen, zerdrückt

4 Zweige Thymian, die Blättchen abgezupft und fein gehackt

1 EL gehackte Petersilie

4 EL Rindertalg, Entenschmalz, Ghee oder Kokosöl

½ Bund Mangold, Stiele entfernt und Blätter in Stücke gezupft

4 Eier

Schnittlauchröllchen zum Servieren

Chiliöl zum Servieren

Die Süßholzwurzel mit Nelken, Koriander, Pfefferkörnern und 1 TL Meersalz in der Gewürzmühle oder im Mörser fein zermahlen bzw. zerstoßen. Die Würzmischung in eine Schüssel geben und 2 EL kaltes Wasser unterrühren. Hackfleisch, Knoblauch, Thymian und Petersilie zugeben und alles mit den Händen verkneten. Die Fleischmasse 20 Minuten kühl stellen, damit sich die Aromen verbinden.

Danach aus der Fleischmasse vier Frikadellen (2 cm dick und 8 cm ⌀) formen. Eine große beschichtete Pfanne bei mittlerer Hitze heiß werden lassen. Darin 2 EL Talg erhitzen, die Frikadellen hineinlegen und von jeder Seite etwa 3 Minuten braten, bis sie goldbraun und durchgegart sind. Die Frikadellen in der Pfanne warm stellen.

Inzwischen eine zweite beschichtete Pfanne bei mittlerer Hitze heiß werden lassen. Darin 1 EL Talg erhitzen, den Mangold hineingeben und unter Rühren in etwa 2 Minuten zusammenfallen lassen. Den Mangold mit Salz und frisch geschrotetem Pfeffer würzen. Aus der Pfanne nehmen und warm stellen.

Die Pfanne mit Küchenpapier auswischen. Den restlichen Talg darin bei schwacher bis mittlerer Hitze zerlassen. Die Eier nebeneinander hineinschlagen und 2–3 Minuten braten, bis die Eiweiße gestockt, die Eigelbe aber noch flüssig sind.

Den Mangold auf vier Tellern anrichten und jeweils eine Frikadelle und ein Spiegelei darauflegen. Mit Schnittlauchröllchen bestreuen, mit Chiliöl beträufeln und mit Salz und Pfeffer würzen. Sofort servieren.

Zucchini sind ein großartiges Gemüse. Sie haben in den Sommermonaten Saison und liefern Vitamin C sowie andere bioaktive Substanzen. Kinder essen dieses Gemüse am liebsten als Puffer – und noch lieber, wenn es verschiedene Dips dazu gibt. Meine Partnerin Nic dippt ihre Puffer gerne in Green Goddess Dressing (s. S. 204), meine älteste Tochter Chilli mag sie mit grünem Tahin (Tahin mit gehacktem Koriandergrün) und meine jüngste Tochter Indii isst sie mit hausgemachter Harissa (s. S. 205). Ich genieße sie am liebsten pur mit einem Spritzer Zitronensaft und ein paar Chiliflocken.

ZUCCHINI-FENCHEL-PUFFER
FÜR 4–6 PERSONEN

500 g Zucchini, geraspelt

250 g Süßkartoffel oder Möhren, geschält und geraspelt

1 gute Prise Meersalz

50 g Fenchel, gehobelt

2 EL gehackte glatte Petersilie

2 EL gehackte Minze

4 Frühlingszwiebeln, in Ringe geschnitten

abgeriebene Schale von 1 Bio-Zitrone

3 Eier

50 g Mandelmehl, plus mehr bei Bedarf

geschroteter schwarzer Pfeffer

4 EL Ghee oder Kokosöl zum Braten

Zum Servieren

250 ml Green Goddess Dressing (s. S. 204)

etwa 2 Handvoll Rucola

Zitronenspalten

Die Zucchini- und Süßkartoffelraspel mit Meersalz in einem Sieb gut vermischen. Die Raspel 15 Minuten Wasser ziehen lassen.

Danach die Raspel mit den Händen gründlich ausdrücken. Dafür je 1 Handvoll Raspel abnehmen und so viel Flüssigkeit wie möglich herausdrücken. Alternativ die Raspel in ein sauberes Geschirrtuch geben und ausdrücken.

Die ausgedrückten Raspel mit dem Fenchel in eine große Schüssel geben. Petersilie, Minze, Frühlingszwiebeln, Zitronenschale, Eier, Mandelmehl und etwas Pfeffer zufügen und alles sorgfältig mischen. Zur Probe etwas Gemüsemasse abnehmen, zu einem Puffer formen und braten. Zerfällt der Puffer, noch Mandelmehl untermischen, bis die Masse zusammenhält. Aus der Gemüsemasse dann kleine Puffer (etwa 6 cm ∅) formen.

Eine Pfanne bei mittlerer Hitze heiß werden lassen und das Ghee darin erhitzen. Die Puffer portionsweise darin in etwa 4 Minuten goldbraun braten, dabei einmal wenden. Herausnehmen und die Puffer mit Green Goddess Dressing, Rucola und Zitronenspalten servieren.

Mein erster Surftrip führte mich nach Bali. Schon beim Aussteigen aus dem Flugzeug fiel mir dieser Duft auf: eine Mischung aus Land- und Meeresnoten, die zusammen eine Art asiatisches Röstaroma ergaben. Sie können sich vorstellen, dass es mich sofort zu den Imbissständen und Restaurants zog. Die erste Spezialität, die ich dort probierte, war das balinesische Nationalgericht Nasigoreng (Gebratener Reis). Es wird mit Knoblauch, Tamarinde und Chili gewürzt und mit Ei, Huhn, getrocknetem Fisch oder Garnelen serviert. Hier ist meine Paleo-Version – statt Reis gibt's bei mir Blumenkohl.

NASIGORENG
FÜR 4 PERSONEN

4 EL Kokosöl

400 g Hähnchenbrustfilet, in 2 cm große Stücke geschnitten

150 g durchwachsener Speck in Scheiben, diese quer in dünne Streifen geschnitten

4 Schalotten, in dünne Ringe geschnitten

2 Knoblauchzehen, zerdrückt

1 Möhre, geschält und fein gewürfelt

1 Stange Staudensellerie, fein gewürfelt

1 rote Chilischote, entkernt und fein gehackt

150 g gegarte, geschälte kleine Garnelen

50 g Chinakohl, in dünne Streifen geschnitten

1 TL Garnelenpaste

600 g Blumenkohl-Reis (s. S. 61)

120 g Mungobohnensprossen

2 Frühlingszwiebeln, in Ringe geschnitten

2 EL gebratene Schalotten (s. S. 207)

3 EL Tamari (glutenfreie Sojasauce) oder *coconut aminos* (aus dem Internet, s. S. 212)

1 EL Fischsauce

1 TL Tamarindenmark

4 Eier

Vogelaugenchilischoten, in dünne Ringe geschnitten, zum Servieren

Limettenspalten zum Servieren

In einem Wok 2 EL Kokosöl bei mittlerer Hitze heiß werden lassen, bis es raucht. Die Hälfte der Fleischstücke darin etwa 3 Minuten pfannenrühren, bis sie gebräunt und durchgegart sind. In eine Schüssel geben. Das restliche Fleisch ebenso braten und in die Schüssel geben. Den Speck im Wok etwa 2 Minuten pfannenrühren, bis er goldbraun und knusprig ist. Zum Hähnchenfleisch in die Schüssel geben.

Erneut 1 EL Kokosöl bei mittlerer Hitze im Wok erhitzen. Die Schalotten und den Knoblauch darin 1 Minute pfannenrühren, bis beides weich ist. Möhre, Sellerie und Chili zugeben und unter Rühren 3 Minuten mitbraten.

Fleisch und Speck wieder in den Wok geben. Garnelen und Chinakohl hinzufügen und alles 3 Minuten pfannenrühren, bis der Kohl zusammenfällt. Zuerst die Garnelenpaste, dann Blumenkohl-Reis, Sprossen, Frühlingszwiebeln, 1 EL gebratene Schalotten, Tamari, Fischsauce und Tamarindenmark unterrühren. Alles 2 Minuten pfannenrühren, danach in eine große Schüssel füllen und diese zum Warmhalten mit Alufolie zudecken.

Das restliche Kokosöl in einer großen beschichteten Pfanne bei mittlerer bis starker Hitze heiß werden lassen. Die Eier hineinschlagen und 2 Minuten braten, bis die Eiweiße gestockt, die Eigelbe aber noch flüssig sind. Die Spiegeleier aus der Pfanne nehmen.

Das Nasigoreng in vier Schalen anrichten, je ein Spiegelei darauflegen und mit den restlichen gebratenen Schalotten bestreuen. Vogelaugenchilis und Limettenspalten dazu servieren.

Im Gemüseladen oder auf dem Wochenmarkt wird Meerrettich leider oft wenig beachtet. Dabei kann er aus den einfachsten Gerichten etwas Besonderes machen. Ich ergänze Eiweißmahlzeiten gerne mit etwas frisch geriebenem Meerrettich. So schmecken zum Beispiel Schmorgerichte oder Tatar (s. S. 143) mit Meerrettich runder und viel interessanter. Und besonders gut passt die scharfe Wurzel zu Fisch und Meeresfrüchten. In diesem Rezept kombiniere ich frischen Meerrettich mal mit köstlicher Räucherforelle und cremigem Rührei.

RÜHREIER
MIT GERÄUCHERTER FORELLE, GRÜNKOHL & MEERRETTICH

FÜR 2 PERSONEN

4 Eier

2 EL Kokossahne

8 Estragonblätter, in Stücke gezupft

Meersalz und schwarzer Pfeffer

2 EL Ghee oder Kokosöl

125 g Grünkohl, Stiele entfernt und Blätter in Stücke gezupft

30 g Kürbiskerne

250 g geräuchertes Forellenfilet, zerpflückt

30 g Forellen- oder Lachskaviar

frisch geriebener Meerrettich

Zitronenspalten zum Servieren

Die Eier mit Kokossahne, der Hälfte des Estragons, 1 Prise Meersalz und etwas frisch geschrotetem Pfeffer in einer Schüssel verquirlen.

In einer beschichteten Pfanne 1 EL Ghee bei mittlerer Hitze heiß werden lassen. Die Eiermasse hineingießen und 2–3 Minuten mit einem Kochlöffel verrühren, bis sie gestockt ist.

Inzwischen das restliche Ghee in einer zweiten Pfanne bei mittlerer bis starker Hitze heiß werden lassen. Den Grünkohl mit den Kürbiskernen hineingeben und unter Rühren in 3–5 Minuten zusammenfallen lassen. Das Gemüse mit Salz und Pfeffer würzen.

Den Grünkohl auf zwei Teller verteilen und die Rühreier daneben anrichten. Das Forellenfilet daraufgeben und alles mit Kaviar, Meerrettich und dem restlichen Estragon bestreuen. Mit den Zitronenspalten servieren.

Chia-Samen stammen von einer in Mexiko und Guatemala heimischen Pflanze, die mit dem Salbei verwandt ist. Für die Azteken waren sie ein wichtiges Lebensmittel. Die kleinen Samen, die weiß, dunkelbraun oder schwarz sein können, haben ein beeindruckendes Nährstoffprofil: Sie enthalten Kalzium, Mangan und Phosphor und sind eine gute Quelle für Eiweiß und gesunde Omega-3-Fettsäuren. Ich genieße sie am liebsten in diesem traumhaften Pudding. Falls Sie keine frische Kokosnuss bekommen, nehmen Sie einfach Kokoswasser aus der Packung und lassen das Fruchtfleisch weg. Oder Sie ersetzen das Kokoswasser durch mehr Kokossahne oder durch Kokosmilch und passen die Menge an Honig nach Geschmack an. Auch so schmeckt der Pudding fein.

PUDDING AUS SCHWARZEN CHIA-SAMEN
MIT NÜSSEN, FEIGEN & DATTELN

FÜR 2 PERSONEN

1 junge grüne Kokosnuss (Bezugsquellen, s. S. 212)

125 ml Kokossahne

50 g schwarze Chia-Samen

1–2 EL Bio-Honig oder 1 Mini-Prise Steviablattpulver

50 g Paranusskerne, eingeweicht (s. S. 209) und gehackt

50 g Macadamianusskerne, eingeweicht (s. S. 209) und gehackt

4 frische Feigen, in Spalten geschnitten

4 frische Medjool-Datteln, entsteint und in Streifen geschnitten

flüssiger Bio-Honig zum Servieren (nach Belieben)

Die Kokosnuss oben öffnen, das Kokoswasser in einen Messbecher gießen und 125 ml abmessen. Das Fruchtfleisch aus der Schale lösen und grob hacken. Die Stücke mit dem abgemessenen Kokoswasser im Mixer fein pürieren. (Sollte Kokoswasser übrig bleiben, am besten frisch trinken oder maximal 1 Woche im Kühlschrank aufbewahren.)

Das Kokospüree in eine Schüssel füllen und mit Kokossahne, Chia-Samen und Honig glatt verrühren. Die Mischung in zwei Gläser füllen und mindestens 2 Stunden kühl stellen, bis der Pudding angedickt ist.

Den gekühlten Pudding mit Nüssen, Feigen und Datteln garnieren. Nach Belieben noch mit etwas Honig beträufeln und servieren.

Tipp: Der Pudding kann vor dem Servieren bis zu 2 Tage im Kühlschrank bleiben – ein ideales Dessert zum Vorbereiten.

BEILAGEN &
KLEINE GERICHTE

Diese knusprigen Süßkartoffelstifte sind für viele Gerichte als Beilage ein Muss. Wir genießen sie einmal im Monat an unserem Fish-&-Chips-Abend – denn wir essen Stärke ja nur in Maßen. Am liebsten mögen wir dazu hausgemachtes Harissa, Aioli oder Pesto. Die Knusperstifte passen auch gut zu einem Braten. Würzen Sie die Stifte dann mit den gleichen Kräutern wie das Fleisch.

SÜSSKARTOFFELSTIFTE AUS DEM OFEN
MIT ROSMARIN & SALBEI

FÜR 4–6 PERSONEN

4 EL Kokosöl, zerlassen, plus mehr für das Backblech

800 g Süßkartoffeln, geschält und zuerst in 6 mm dicke Scheiben, dann in 6 mm breite Stifte geschnitten

3 Zweige Rosmarin, Nadeln abgezupft und grob gehackt

10 Salbeiblätter, grob gehackt

½ TL Meersalz

½ TL schwarzer Pfeffer

Zum Servieren
Chipotle-Aioli (s. S. 203)

Den Backofen auf 200 °C vorheizen. Ein Backblech mit Kokosöl fetten. In einer großen Schüssel das Kokosöl mit Süßkartoffeln, Rosmarin, Salbei Meersalz und frisch geschrotetem Pfeffer mischen. Die Stifte so auf dem Backblech verteilen, dass sie einander nicht berühren.

Die Süßkartoffelstifte im heißen Ofen 10 Minuten garen, dann wenden und 5 Minuten weitergaren, bis sie weich und leicht gebräunt sind. Herausnehmen und sofort mit Chipotle-Aioli servieren.

Von diesen Chips kann man nicht genug bekommen. Stellen Sie sich also darauf ein, viele Bleche damit in den Ofen zu schieben. Meine Partnerin Nic macht diese knusprig grünen Leckerbissen fast täglich – und kaum kommen sie aus dem Ofen, sind sie auch schon wieder weg! Die Grünkohlchips lassen sich mit anderen Gewürzen, mit Kräutern, Nüssen und Samen oder mit anderem Gemüse abwandeln. Die Chips schmecken pur, in Salate gemischt, auf Gemüse gestreut oder als Garnitur für Canapés, zum Beispiel für Thunfischtatar auf Nori-Chips (s. S. 81). Für einen leckeren Knabbermix mischen Sie die Chips mit getrockneten Möhrenraspeln, gemahlenem Kreuzkümmel und Koriander sowie mit gehackten Cashewkernen.

GRÜNKOHLCHIPS
MIT KNOBLAUCH & GETROCKNETEN TOMATEN
FÜR 2–4 PERSONEN

40 g Sonnenblumenkerne, mindestens 10 Stunden oder über Nacht eingeweicht (s. S. 209)

80 g getrocknete Tomaten in Öl, abgetropft und trocken getupft

1 Knoblauchzehe, geschält

2 EL frisch gepresster Zitronensaft

3 EL Kokosöl, plus mehr für das Backblech

¼ TL Meersalz

600 g Grünkohl, Stiele entfernt und Blätter (etwa 300 g) in große Stücke gezupft

Den Backofen auf 120 °C vorheizen. Ein Backblech mit Kokosöl fetten und mit Backpapier belegen.

Die Sonnenblumenkerne mit Tomaten, Knoblauch, Zitronensaft, Kokosöl und Meersalz in den Mixer geben und alles zu einer groben Paste zerkleinern. Die Paste in eine große Schüssel füllen. Den Grünkohl untermischen, bis die Blätter vollständig mit der Tomatenpaste überzogen sind. Die Mischung nach Geschmack noch etwas salzen.

Die Grünkohlmischung auf dem Backblech verteilen und im heißen Ofen 40–50 Minuten backen, bis die Blätter knusprig sind. Dabei nach 30 Minuten Backzeit die Chips regelmäßig kontrollieren, damit sie nicht verbrennen. Die fertigen Chips aus dem Ofen nehmen und abkühlen lassen.

Grünkohl liefert reichlich Antioxidanzien, Eisen, Betacarotin, die Vitamine C und K sowie Kalzium. Außerdem entgiftet er und wirkt entzündungshemmend. Alles gute Gründe, um ihn reichlich zu essen. Dieser Grünkohl-Hummus ist bei uns zu Hause ein Renner. Wir geben ihn unseren Kindern auch als Pausenbrot mit – und dazu noch Möhren- und Gurkensticks, Radieschen, und Selleriestangen zum Dippen. Statt mit Grünkohl schmeckt der Hummus auch mit Spinat oder Mangold.

GRÜNKOHL-HUMMUS
FÜR 6 PERSONEN

1 EL Kokosöl

1 Zwiebel, gewürfelt

4 Knoblauchzehen, zerdrückt

500 g Grünkohl, Stiele entfernt und Blätter gehackt

125 ml Hühnerbrühe (s. S. 202)

120 g Vollkorn-Tahin (Sesampaste)

3 EL natives Olivenöl extra, plus mehr bei Bedarf

2 EL frisch gepresster Zitronensaft

4 EL Macadamianusskerne, eingeweicht (s. S. 209)

1 Prise Cayennepfeffer

Meersalz und schwarzer Pfeffer

Zum Servieren
geschnittenes Gemüse (z. B. Möhren, Radieschen und Fenchel)

Das Kokosöl in einem großen Topf bei mittlerer Hitze heiß werden lassen. Die Zwiebelwürfel darin unter Rühren etwa 5 Minuten anschwitzen. Den Knoblauch zufügen und 30 Sekunden mitgaren, bis er bräunt. Den Grünkohl und die Hühnerbrühe oder Wasser dazugeben, den Topf zudecken und den Kohl in etwa 3 Minuten weich garen.

Den Grünkohl mit dem Garsud in den Mixer füllen und einige Minuten abkühlen lassen. Tahin, Olivenöl, Zitronensaft, Macadamianüsse, Cayennepfeffer, Meersalz und frisch geschroteten Pfeffer zugeben und zu einer glatten Creme pürieren. Dabei nach Bedarf noch etwas mehr Öl untermixen. Den Hummus in eine Schüssel füllen und mit dem Gemüse zum Dippen servieren.

Meine drei Mädels bezeichnen sich gerne als Nixen und futtern alles, was aus dem Meer kommt, besonders Algen: Wakame in der Misosuppe, Salat mit Kombu, Hijiki und Daikon oder Noriblätter – und die gerne auch pur. Also verwöhne ich meine drei Meerjungfrauen gelegentlich mit dieser japanischen Knabberei. Sie ist einfach und schnell zubereitet, sehr gesund und schmeckt wirklich köstlich.

NORI-CHIPS
MIT SESAM
FÜR 4 PERSONEN

1 EL Sesamsamen
½ TL Meersalz

8 Noriblätter

1 EL geröstetes Sesamöl
oder zerlassenes Kokosöl

Den Backofen auf 180 °C vorheizen. Die Sesamsamen mit dem Meersalz in einem Mörser grob zerstoßen. Die Noriblätter mit einem Backpinsel gleichmäßig mit Öl bestreichen. Die Noriblätter dann nebeneinander mit ausreichend Abstand auf Backbleche legen.

Die Blätter im heißen Ofen 4–5 Minuten rösten, bis sie knusprig sind. Herausnehmen, noch heiß mit dem Sesamsalz bestreuen und in Rechtecke schneiden. Die Chips halten sich luftdicht verpackt bis zu 3 Monate.

Der orientalische Salat aus Tomaten, Gurken, Petersilie, Minze, Knoblauch, Zitronensaft, Salz und Olivenöl wird traditionell mit Bulgur oder Couscous zubereitet. Bei beiden handelt es sich jedoch um Weizen, deshalb habe ich sie hier durch gerösteten Sesam und sehr fein gehackten Blumenkohl ersetzt. Außerdem kommen noch in hauchdünne Scheiben geschnittene Okraschoten in den Salat. Die Schoten sind sehr gesund. Wenn sie Saison haben, verwenden wir Okras häufig für Salate, Currys, Wok-Gerichte und Suppen.

TABOULÉ MIT ROHEM BLUMENKOHL
FÜR 4–6 PERSONEN

125 ml frisch gepresster Zitronensaft

80 ml natives Olivenöl extra

1 Knoblauchzehe, zerdrückt

2 TL gemahlener Sumach, plus mehr zum Servieren

1 TL gemahlener Kreuzkümmel

½ Blumenkohl, in Röschen geteilt

60 g glatte Petersilienblätter, gehackt

30 g Minzeblätter, gehackt

1 große Fenchelknolle, fein gewürfelt

1 rote Zwiebel, fein gewürfelt

2 Salatgurken, in kleine Stücke geschnitten

8 Okraschoten, quer in dünne Scheiben geschnitten

1 Möhre, geschält und geraspelt

200 g Tomaten, in grobe Stücke geschnitten

Meersalz und schwarzer Pfeffer

1 EL helle Sesamsamen, geröstet

Für das Dressing den Zitronensaft mit Olivenöl, Knoblauch, Sumach und Kreuzkümmel verquirlen. Beiseitestellen.

Den Blumenkohl im Mixer zerkleinern, bis weizenkorngroße Stückchen entstanden sind. Die Blumenkohlstückchen in eine Servierschüssel füllen. Petersilie, Minze, Fenchel, Zwiebel, Gurken, Okras, Möhre und Tomaten zugeben, das Dressing darüberträufeln und alles vermischen. Den Salat mit Meersalz und frisch geschrotetem Pfeffer abschmecken und 10 Minuten ziehen lassen.

Zuletzt den Salat mit den gerösteten Sesamsamen und etwas Sumach bestreuen und sofort servieren.

Ich bin ein großer Fan der marokkanischen Küche. Die dort verwendeten Gewürz- und Kräutermischungen lassen Aromen entstehen, die selbst einen kritischen Gaumen entzücken. Dieser Möhrensalat passt zu vielen Gerichten, besonders aber zu Lamm, gebratenem Huhn oder kräftig gewürztem Fisch. Eigentlich sollte man diesen Salat immer im Kühlschrank haben… Eine kleine Portion davon auf einer Scheibe Brot mit Samen & Nüssen (s. S. 22), darauf noch ein paar Scheiben Avocado und Leber-Paté – ein himmlischer Genuss!

MAROKKANISCHER MÖHRENSALAT
FÜR 4 PERSONEN

80 ml natives Olivenöl extra

1 EL frisch gepresster Zitronensaft

1 EL naturtrüber Apfelessig

1 EL Bio-Honig

1 TL frisch geriebener Ingwer

1 rote Chilischote, entkernt und fein gehackt

½ TL gemahlener Sumach

4 große Möhren, geschält und geraspelt

1 Handvoll Mandeln, eingeweicht (s. S. 209), geröstet und gehackt

1 große Handvoll Koriandergrün, gehackt

1 Handvoll Minzeblätter, gehackt

40 g getrocknete Berberitzenbeeren oder schwarze Johannisbeeren

Meersalz und schwarzer Pfeffer

Das Olivenöl mit Zitronensaft, Essig, Honig und Ingwer in einer großen Servierschüssel verquirlen. Chili, Sumach, Möhren, Mandeln, Koriandergrün, Minze und getrocknete Beeren zufügen und alles mischen.

Den Salat zuletzt mit Meersalz und frisch geschrotetem Pfeffer abschmecken und servieren.

Diesen Salat esse ich jeden Tag mit großem Genuss. Oft hacke ich gleich die Zutaten für mehrere Salatmahlzeiten im Voraus. Wenn Sie das ebenfalls tun möchten, heben Sie immer nur so viel Salat unter das Dressing, wie Sie gerade essen wollen – sonst wird der Salat matschig. Zum Salat serviere ich gerne eingeweichte Nüsse und Samen, sie sorgen für Biss und gesunde Fette. Dazu biete ich noch frische Kräuter an – falls sie nicht bereits im Salat sind. Die kann sich jeder bei Tisch selbst auf seine Portion streuen. Hier mein Rezept für einen einfachen gehackten Salat, mit dem Sie experimentieren können. Verwenden Sie Zutaten, die gerade Saison haben.

GEHACKTER SALAT
FÜR 4–6 PERSONEN

Für das Dressing
2 EL naturtrüber Apfelessig oder Sherryessig

1 EL frisch gepresster Zitronensaft

1 TL fermentierter Senf (s. S. 206)

80 ml natives Olivenöl extra

Meersalz und schwarzer Pfeffer

Für den Salat
3 reife Tomaten, entkernt und gewürfelt

2 kleine Salatgurken, gewürfelt

1 Romanasalatherz, zerkleinert

80 g Rotkohl, in Streifen geschnitten

1 rote Paprikaschote, entkernt und gewürfelt

1 rote Chilischote, entkernt und fein gehackt

2 Schalotten, in Ringe geschnitten

2 EL gehackte glatte Petersilie

2 EL gehacktes Koriandergrün

1 EL gehackte Minze

1 Avocado, das Fruchtfleisch gewürfelt

40 g Kürbiskerne, eingeweicht (s. S. 209)

30 g Sonnenblumenkerne, eingeweicht (s. S. 209)

Für das Dressing den Essig mit Zitronensaft und Senf in einer Schüssel mit dem Schneebesen verquirlen. Dann das Olivenöl unter ständigem Schlagen in dünnem Strahl dazugießen. Das Dressing mit Meersalz und frisch geschrotetem Pfeffer abschmecken.

Für den Salat Tomaten, Gurken, Salat, Rotkohl, Paprika, Chili, Schalotten, Petersilie, Koriandergrün, Minze, Avocado, Kürbis- und Sonnenblumenkerne in einer Schüssel mischen. Das Dressing darüberträufeln und unterheben. Den Salat vor dem Servieren 10 Minuten durchziehen lassen.

Allein schon wegen ihrer kräftigen Farbe muss man Beten einfach mögen – nicht nur die roten, sondern auch die marmorierten und die goldgelben Sorten. Wussten Sie, dass die Knollen bei den alten Römern als Aphrodisiakum galten? Rote Beten enthalten nämlich Bor, das direkt mit der Produktion von Sexualhormonen in Verbindung steht. Genügen diese Info und die Tatsache, dass Beten ein wahres Superfood sind, um sie einmal wöchentlich auf den Speiseplan zu setzen? Nein? Dann schafft es vielleicht dieses Rezept. Beten passen wunderbar zu Käse, besonders zu Ziegenkäse, und werden häufig mit Nüssen kombiniert. Deshalb dachte ich, Nusskäse könnte hier gut passen – und er tut es!

WARMER ROTE-BETE-SALAT
MIT SAUERAMPFER, CASHEW-KÄSE & WALNÜSSEN
FÜR 4 PERSONEN

etwa 20 kleine Rote-Bete-Knollen, halbiert, größere Knollen geviertelt

zerlassenes Kokosöl zum Beträufeln

80 ml natives Olivenöl extra

2 EL guter Rotwein- oder Apfelessig

2 TL frisch gepresster Zitronensaft

100 g Walnusskerne, eingeweicht (s. S. 209), geröstet und grob gehackt

Meersalz und schwarzer Pfeffer

200 g Cashew- oder Macadamia-Käse (s. S. 208)

½ Bund Schnittlauch, in 5 cm lange Stücke geschnitten

1 Handvoll Sauerampferblätter (am besten Blutampfer)

80 g getrocknete Kirschen, grob gehackt

Den Backofen auf 200 °C vorheizen. Die Rote-Bete-Stücke auf einen großen Bogen Alufolie legen. Etwas zerlassenes Kokosöl darüberträufeln und untermischen. Die Folie über den Stücken zusammenfalten und fest verschließen. Das Päckchen auf ein Backblech legen und die Knollen im heißen Ofen etwa 40 Minuten garen, bis sie weich sind. Herausnehmen und die Stücke handwarm abkühlen lassen, dann schälen.

Für das Dressing Olivenöl, Essig, Zitronensaft, 50 g Walnüsse, etwas Meersalz und frisch geschroteten Pfeffer in ein Schraubglas füllen. Das Glas fest verschließen und kräftig schütteln.

Den Cashew-Käse dick auf eine Servierplatte streichen und die warmen Rote-Bete-Stücke darauf verteilen. Mit etwas Dressing beträufeln und mit Schnittlauch, Sauerampfer und Kirschen bestreuen. Den Salat mit Salz und Pfeffer würzen und mit den restlichen Walnüssen dekorieren. Den Salat sofort servieren und das restliche Dressing dazu reichen.

Die Raw-Food-Bewegung ist auf dem Vormarsch. Und Studien zeigen, dass es über einen gewissen Zeitraum gut sein kann, nur pflanzliche Lebensmittel zu essen, um den Körper zu reinigen. Ich esse gerne einen Teil meiner Lebensmittel roh – einschließlich Gemüse, Fleisch, Fisch und Meeresfrüchte. Damit fühle ich mich großartig! Nehmen Sie diesen rohen, knackigen Salat ruhig in Ihr kulinarisches Repertoire auf, denn er versorgt Ihren Körper auf ganz köstliche Weise mit gesunden Mikronährstoffen.

SALAT AUS WURZELGEMÜSE
MIT KERBELMAYONNAISE
FÜR 4–6 PERSONEN

2 Rote-Bete-Knollen, geschält

2 Möhren, geschält

½ Sellerieknolle, geschält

1 Kohlrabi, geschält

¼ Rotkohl, Strunk entfernt und Blätter in Streifen geschnitten

1 große Handvoll in dünne Streifen geschnittener Fenchel

120 g Aioli (s. S. 203)

Saft von 1 Zitrone

3 EL gehackter Kerbel

2 große Handvoll Minzeblätter, in Streifen geschnitten

2 Handvoll glatte Petersilie, grob gehackt

½ EL abgeriebene Schale von 1 Bio-Zitrone

1 TL geschroteter schwarzer Pfeffer

Meersalz (nach Belieben)

Rote Bete, Möhren, Sellerie und Kohlrabi in hauchdünne Scheiben schneiden. Jeweils einige Scheiben aufeinanderlegen und diese in streichholzdünne Stifte schneiden. (Sie können dafür ein scharfes Messer, aber auch einen Küchenhobel oder eine Küchenmaschine mit entsprechendem Zubehör verwenden.) Die Gemüsestifte mit Rotkohl und Fenchel in eine große Schüssel geben, mit kaltem Wasser bedecken und beiseitestellen.

Für die Kerbelmayonnaise die Aioli mit Zitronensaft und Kerbel glatt rühren.

Das Gemüse in ein Sieb abgießen und abtropfen lassen. Danach mit Küchenpapier sorgfältig trocken tupfen. Die Schüssel abtrocknen und das Gemüse wieder hineingeben.

Minze, Petersilie, Zitronenschale, Pfeffer und die Kerbelmayonnaise zum Gemüse geben. Alles gut mischen und den Salat nach Belieben noch mit Meersalz abschmecken. Sofort servieren.

Die Paleoküche verzichtet ganz auf Getreide, damit der Körper die Gelegenheit bekommt, Gewicht, Energie und allgemeines Wohlbefinden ins Gleichgewicht zu bringen. Besonders schwer fiel es mir am Anfang, Reis von meinem Speiseplan zu streichen, denn Sushi und Curryreis gehörten zu meinen Lieblingsgerichten. Also musste ich eine Alternative zu Reis finden. Die Lösung: Blumenkohl-Reis! Er passt gut zu Currys und Schmorgerichten und kann sogar Sushi-Reis ersetzen. Dafür muss man ihn nur mit Avocado und etwas Tahin binden.

BLUMENKOHL-REIS
FÜR 4 PERSONEN

1 Blumenkohl, in Röschen geteilt

2 EL Kokosöl

Meersalz und schwarzer Pfeffer

gehacktes Koriandergrün oder andere gehackte Kräuter zum Bestreuen

Den Blumenkohl in den Mixer geben und zerkleinern, bis reiskorngroße Stückchen entstanden sind.

Das Kokosöl in einer Pfanne bei mittlerer Hitze heiß werden lassen. Den Blumenkohl darin 3–4 Minuten garen, bis er weich ist. Mit Meersalz und frisch geschrotetem Pfeffer würzen. Den Blumenkohl-Reis mit Koriandergrün bestreuen und servieren.

Eine große Schüssel mit grünem Gemüse steht bei mir immer auf dem Tisch – schon allein der Gesundheit wegen. Und ich kann es nicht oft genug wiederholen: »Esst mehr Gemüse!« Aber ich bin schon wieder still, damit Sie schnell dieses leckere Gericht zubereiten können. Die grünen Bohnen (für mich eher Schoten als Hülsenfrüchte) können Sie nach Belieben durch Okraschoten ersetzen.

SAUTIERTES GEMÜSE
MIT ZITRONE & KNOBLAUCH
FÜR 4 PERSONEN

1 Bund grüner Spargel

1 Bund Spargelbrokkoli, die Stangen geputzt und halbiert

50 g Kokosöl, Rindertalg, Entenschmalz oder Ghee

2 Knoblauchzehen, in Scheiben geschnitten

2 Zucchini, in dünne Scheiben geschnitten

150 g grüne Bohnen, Okraschoten oder grüner Spargel

250 g Grünkohl, dicke Stiele und Blattrippen entfernt, die Blätter grob gehackt

abgeriebene Schale und Saft von 1 Bio-Zitrone

Meersalz und schwarzer Pfeffer

In einem großen Topf reichlich Wasser zum Kochen bringen. Spargel und Spargelbrokkoli hineingeben und 2–3 Minuten blanchieren. Dann in Eiswasser oder sehr kaltem Wasser abschrecken.

Inzwischen das Kokosöl in einer großen Pfanne bei mittlerer Hitze heiß werden lassen. Den Knoblauch darin etwa 1 Minute braten. Kurz bevor er Farbe annimmt, die Zucchinischeiben zugeben und etwa 30 Sekunden mitbraten, bis sie leicht gebräunt sind. Danach Spargel, Spargelbrokkoli, grüne Bohnen und Grünkohl zufügen und unter Rühren 2 Minuten mitbraten, bis der Spargelbrokkoli knusprig wird. Zitronenschale und -saft untermischen und das Gemüse mit Meersalz und frisch geschrotetem Pfeffer abschmecken. Sofort servieren.

Wasserspinat ist unschlagbar, wenn es um Geschmack und Nährstoffe geht. Er liefert viel Magnesium sowie die Vitamine A und C und zudem noch sehr viele Ballaststoffe. Wasserspinat ist eine sehr beliebte Zutat in der südostasiatischen Küche. Hier gart man ihn üblicherweise mit Knoblauch und Chilis und würzt ihn anschließend mit Fischsauce, Essig oder Sojasauce oder einer Mischung daraus. So zubereitet, ist er eine feine Beilage zu asiatisch angehauchten Gerichten aus Wok, Pfanne, Backofen, Dampfgarer oder vom Grill. Falls Sie keinen Wasserspinat bekommen, ersetzen Sie ihn einfach durch Blattspinat.

WASSERSPINAT
MIT KNOBLAUCH & CHILIS
FÜR 2–4 PERSONEN

2 EL Kokosöl

2 rote Chilischoten, entkernt und gehackt

2 Knoblauchzehen, in Scheiben geschnitten

1 TL Garnelenpaste

250 g Wasserspinat (ersatzweise Blattspinat), in 3 cm lange Stücke geschnitten

3–4 EL Hühnerbrühe (nach Belieben, s. S. 202)

Meersalz und schwarzer Pfeffer

helle Sesamsamen, geröstet

Einen Wok bei mittlerer bis starker Hitze heiß werden lassen. Das Kokosöl hineingeben und schwenken, bis es heiß ist. Chilis, Knoblauch und Garnelenpaste darin 1 Minute braten, bis sie duften. Den Wasserspinat und 3–4 EL Wasser oder nach Belieben die Hühnerbrühe einrühren und etwa 30 Sekunden weiterrühren, bis der Wasserspinat zusammenfällt. Das Gemüse mit Meersalz und frisch geschrotetem Pfeffer abschmecken. Mit geröstetem Sesam bestreuen und sofort servieren.

Mit seinen süßen Äpfeln und Möhren ist dieses Gericht ideal, um Kinder an fermentierte Lebensmittel heranzuführen. Meine Kinder bekommen zum Abendessen jeweils einen halben Teelöffel davon und freunden sich langsam damit an. Sie können auch etwas Saft aus dem Glas in einen Smoothie rühren. Je länger das Sauerkraut gärt, desto höher steigt die Zahl der nützlichen Bakterien. Wie lange Sie es fermentieren lassen, bleibt ganz Ihnen überlassen: Kurz fermentiert, schmeckt es mild, nach einer längeren Gärzeit immer saurer. Mehr über fermentierte Lebensmittel erfahren Sie auf Seite 9.

SAUERKRAUT
MIT MÖHREN & ÄPFELN
ERGIBT ETWA 1,5 L

400 g Weißkohl

400 g Rotkohl

2 rotschalige Äpfel, die Kerngehäuse entfernt

250 g Möhren

1½ TL unjodiertes Meersalz

Starterkultur für Sauerkraut (aus dem Internet, s. S. 212)

Außerdem
Gärglas (1,5 l Inhalt) mit Gärrohr

Das Gärglas und alle benötigten Geräte mit sehr heißem Wasser abwaschen. Alternativ bei hoher Temperatur in der Spülmaschine reinigen, dabei jedoch kein Spülmittel verwenden!

Vom Kohl die Außenblätter entfernen. Ein schönes Außenblatt gründlich waschen und beiseitelegen. Kohl, Äpfel und Möhren mit der Küchenmaschine oder dem Küchenhobel grob raspeln oder mit einem Messer schneiden. Die Zutaten dabei abwechseln, damit sie gut gemischt werden. Die Raspel in eine große Glas- oder Edelstahlschüssel geben.

Die Gemüseraspel mit Meersalz bestreuen und gründlich mischen. Dann mit einem Teller abdecken. Die Starterkultur nach Packungsangabe mit gefiltertem Wasser aktivieren. Die aufgelöste Kultur zum Gemüse geben und sorgfältig untermischen.

Die Kohlmischung mit einem großen Löffel lagenweise bis 2 cm unter den Rand in das vorbereitete Gärglas füllen. Dabei jede Lage fest nach unten drücken und so Luftbläschen entfernen (das geht am besten mit einem Kartoffelstampfer). Die Raspel müssen vollständig mit Flüssigkeit bedeckt sein, bei Bedarf noch etwas gefiltertes Wasser dazugießen.

Das restliche Kohlblatt zusammenfalten und das Gemüse damit abdecken. Das Gemüse mit einem kleinen Glas (z. B. Schnapsglas) beschweren, damit es mit Flüssigkeit bedeckt bleibt. Das Gärrohr in den Deckel einsetzen und das Glas damit verschließen. Das Glas in ein Handtuch wickeln und den Kohl so vor Licht schützen, dabei das Gärrohr frei lassen.

Das Glas 1–2 Wochen an einen dunklen, warmen (16–23 °C) Ort stellen. Alternativ in eine Kühltasche setzen, damit die Temperatur konstant bleibt. Je wärmer es ist, desto schneller läuft die Fermentation ab. Das Sauerkraut nach 1 Woche probieren. Schmeckt es sauer genug, das Glas in den Kühlschrank stellen, andernfalls noch länger fermentieren lassen.

Nach dem Öffnen hält sich das Sauerkraut im Kühlschrank bis zu 2 Monate. Dabei darauf achten, dass es stets mit Flüssigkeit bedeckt ist. Ungeöffnet und im Kühlschrank gelagert ist das Kraut 9 Monate haltbar.

Rosenkohl ist mit Grünkohl, Blumenkohl und Brokkoli verwandt. Und wie seine restliche Kreuzblütlerfamilie enthält auch Rosenkohl Vitamin K, C und A sowie eine Menge essenzieller Mineralstoffe. Mit diesem Gericht werden Sie auch Rosenkohlverächter – z. B. Kinder oder Erwachsene, die als Kind dieses Gemüse als lieblos übergarten Matsch essen mussten – überzeugen. Denn hier werden die Röschen mit Speck kombiniert und in Entenschmalz gebraten. Das Gemüse passt perfekt zu Schweinefleisch, Geflügel oder zu einem Steak.

ROSENKOHL
MIT SPECK & KNOBLAUCH
FÜR 4 PERSONEN

80 g Entenschmalz, Ghee, Schmalz oder Kokosöl

200 g guter durchwachsener Speck, grob zerkleinert

600 g Rosenkohlröschen, halbiert

6 Knoblauchzehen, in Scheiben geschnitten

60 ml Hühnerbrühe (s. S. 202)

Zum Servieren

abgeriebene Schale von 1 Bio-Zitrone

Chiliflocken (nach Belieben)

Das Schmalz in einer großen, schweren Pfanne bei mittlerer Hitze heiß werden lassen. Den Speck darin unter gelegentlichem Rühren 4–6 Minuten braten, bis er Farbe annimmt. Rosenkohl und Knoblauch zugeben und 2 Minuten mitbraten, bis beides bräunt. Die Brühe dazugießen und alles etwa 15 Minuten garen, bis der Rosenkohl weich ist. Dabei gelegentlich umrühren.

Das Gemüse zum Servieren mit Zitronenschale und nach Belieben noch mit Chiliflocken bestreuen.

Dieses leichte, frische Gericht ist ideal für warme Sommerabende. Zucchini bestehen überwiegend aus Wasser und enthalten essenzielle Vitamine und Mineralstoffe. Die meisten davon sitzen in der Schale, deshalb sollten Zucchini nie geschält werden. Und weil die Schale mitgegessen wird, verwenden Sie am besten Bio-Zucchini. Die Lasagne schmeckt mit ihrer Schicht aus Cashew- oder Macadamia-Käse sehr lecker. Wer etwas mehr Eiweiß haben möchte, kann sie noch mit Räucherlachs oder Leber-Paté anreichern.

ROHE ZUCCHINI-LASAGNE
MIT TOMATEN-OLIVEN-PESTO
FÜR 6 PERSONEN

Für das Pesto

200 g Brokkoliröschen

60 g entsteinte, große grüne Oliven

3 reife Tomaten, entkernt und gehackt

200 g getrocknete Tomaten in Öl, abgetropft

200 g Champignons

2 Knoblauchzehen, zerdrückt

1 rote Chilischote, entkernt und gehackt

1 Zweig Rosmarin, die Nadeln gehackt

6 EL natives Olivenöl extra

1 EL Rotweinessig

1 EL Tomatenmark

Meersalz und schwarzer Pfeffer

Für die Lasagne

5 große Zucchini

80 ml natives Olivenöl extra, plus mehr zum Beträufeln

1 Bund Basilikum, die Blätter in Stücke gezupft

220 g Cashew-Käse (s. S. 208)

2 EL frisch gepresster Zitronensaft

1 Knoblauchzehe, zerdrückt

1 EL fein gehackte glatte Petersilie

12 Kirschtomaten, geviertelt

verschiedenfarbige Basilikumblättchen zum Servieren (nach Belieben)

Außerdem

Kastenform (20–25 cm lang)

Für das Pesto Brokkoli, Oliven, frische und getrocknete Tomaten, Champignons, Knoblauch, Chili, Rosmarin, Olivenöl, Essig und Tomatenmark im Mixer cremig pürieren. Bei Bedarf noch etwas Wasser oder Öl untermixen, damit die Paste streichfähig wird. Das Pesto mit Meersalz und frisch geschrotetem Pfeffer abschmecken.

Für die Lasagne die Zucchini längs in möglichst dünne Scheiben hobeln oder schneiden. Den Boden der Kastenform längs leicht überlappend mit 6–8 Zucchinischeiben belegen. Mit etwas Olivenöl bestreichen und leicht salzen. 8 EL Pesto gleichmäßig darauf verstreichen. Eine zweite Schicht Zucchinischeiben auflegen, mit Öl bestreichen und salzen. Mit etwa 6 EL Cashew-Käse bestreichen und eine weitere Lage Zucchinischeiben einschichten. Mit 6 EL Pesto bestreichen und mit Basilikum bestreuen. So weiterschichten, bis alle Zutaten aufgebraucht sind, dabei mit einer Schicht Zucchinischeiben abschließen. Diese mit etwas Öl beträufeln und salzen.

Die Lasagne mit Frischhaltefolie bedecken und im Tiefkühlfach etwa 2 Stunden gefrieren lassen. (So lässt sie sich besser portionieren.) Die gefrorene Lasagne aus der Form lösen, in sechs Portionen schneiden und diese 1 Stunde im Kühlschrank auftauen lassen.

Kurz vor dem Servieren Zitronensaft, restliches Olivenöl, Knoblauch und Petersilie verquirlen. Die Kirschtomaten unterheben und den Salat mit Salz und Pfeffer abschmecken.

Die Lasagnestücke auf sechs Teller setzen. Den Tomatensalat darauf anrichten, dabei die Stücke jeweils mit dem Salatdressing beträufeln. Die Lasagne mit 1 Prise Salz, etwas frisch geschrotetem Pfeffer und nach Belieben mit Basilikum bestreuen und servieren.

Langsam im Ofen geschmortes Gemüse ist bei uns zu Hause sehr beliebt. Dabei lasse ich mich gerne von den Küchen anderer Länder zu immer wieder neuen Kombinationen aus Gemüse, Kräutern und Gewürzen anregen: Rosenkohl mit gerösteten Nüssen und Speck als Beilage zu Schweinefleisch, Tomaten mit Oliven und Thymian zu Fisch oder Meeresfrüchten oder – meine Lieblingskombi – Topinambur mit Grünkohl, gerösteten Mandeln und Harissa zu Fleisch ... lecker! Das folgende Rezept enthält »von allem etwas«. Es eignet sich gut dazu, um schon etwas welkes Gemüse zu verwerten, denn ich werfe Lebensmittel ungern weg.

GERÖSTETES WINTERGEMÜSE
FÜR 4–6 PERSONEN

2 Pastinaken (etwa 200 g), geschält und längs halbiert

1 Zwiebel, geviertelt

¼ Butternusskürbis, in schmale Spalten geschnitten

200 g Süßkartoffeln, geschält und in 2 cm dicke Scheiben geschnitten

200 g Rosenkohlröschen, halbiert

200 g Baby-Möhren, geschält

150 g sehr kleine Rote-Bete-Knollen, geschält und halbiert

1 Knoblauchknolle, quer halbiert

4 EL zerlassenes Entenschmalz, Kokosöl, Ghee oder zerlassener Rindertalg

Meersalz und schwarzer Pfeffer

4 EL grob gehackte glatte Petersilie

Den Backofen auf 200 °C vorheizen. Pastinaken, Zwiebel, Kürbis, Süßkartoffeln, Rosenkohl, Möhren, Rote Beten und Knoblauch in eine große ofenfeste Form füllen. Das Gemüse mit dem Schmalz beträufeln, mit Salz und frisch geschrotetem Pfeffer würzen und vermischen. Die Gemüsestücke dann locker nebeneinander in der Form verteilen.

Das Gemüse im heißen Ofen 20–30 Minuten rösten, bis es weich und goldbraun ist. Dabei einmal umrühren. Aus dem Ofen nehmen, die Knoblauchzehen aus den Häutchen drücken und unter das Gemüse mischen. Das Wintergemüse mit Petersilie bestreuen und servieren.

FISCH & MEERESFRÜCHTE

Diese kleinen Fische haben einen Preis verdient! Sardinen schmecken lecker, lassen sich einfach zubereiten und sind sehr gesund. Das zeigt ein Blick auf die Nährwerte: Nur etwa 100 g davon liefern mehr als 120 Prozent der empfohlenen Tagesdosis an Vitamin B12, etwa 60 Prozent der erforderlichen Tagesdosis an Selen, 50 Prozent der täglich benötigten Eiweißmenge, 40 Prozent der Tagesdosis an Vitamin D und decken 35 Prozent des täglichen Kalziumbedarfs. Am liebsten serviere ich sie als *escabeche* – diese Art der Zubereitung stammt aus Spanien und Portugal. Bereiten Sie das Gericht ruhig schon einige Tage im Voraus zu, damit die Sardinen gut durchziehen können.

SARDINEN-ESCABECHE
FÜR 4 PERSONEN

1 TL Koriandersamen, leicht zerstoßen

½ TL Kreuzkümmelsamen, leicht zerstoßen

12 Sardinen mit Kopf und Schwanz, Flossen und Gräten entfernt (die Gräten nach Belieben auch belassen)

3 EL Kokosöl

1 rote Zwiebel, in dünne Ringe geschnitten

1 Fenchelknolle, in Streifen gehobelt

1 Möhre, geschält und in dünne Scheiben geschnitten

1 Knoblauchzehe, zerdrückt

Meersalz und schwarzer Pfeffer

250 ml Weißwein oder Verjus

375 ml naturtrüber Apfelessig

2 Lorbeerblätter

2 Zweige Thymian

2 Sternanis

1 Prise Safranfäden

2 EL sehr kleine Kapern (Nonpareilles) zum Servieren

2 große Handvoll Brunnenkresse zum Servieren

Koriander und Kreuzkümmel in einer Pfanne bei mittlerer Hitze etwa 30 Sekunden rösten, bis sie duften. Die Gewürze aus der Pfanne nehmen und im Mörser grob zerstoßen.

Die Sardinen kalt abspülen und trocken tupfen. Die Pfanne mit Küchenpapier auswischen und wieder auf den Herd stellen. 1 EL Kokosöl darin bei mittlerer Hitze heiß werden lassen. Die Sardinen portionsweise im heißen Öl von jeder Seite 1 Minute braten. Herausnehmen und nebeneinander in eine weite, hitzebeständige Form legen. Das restliche Kokosöl in der Pfanne erhitzen. Zwiebel, Fenchel, Möhre, Knoblauch und die zerstoßenen Gewürze darin 3–5 Minuten anschwitzen, jedoch nicht braun werden lassen. Mit etwas Meersalz und frisch geschrotetem Pfeffer würzen. Wein und Essig dazugießen und Lorbeer, Thymian, Sternanis und Safran in die Pfanne geben. Aufkochen, dann bei schwacher Hitze 5 Minuten köcheln lassen. Die Marinade vom Herd nehmen und 10 Minuten abkühlen lassen.

Die warme Marinade samt Gemüse über die Sardinen gießen, bis sie vollständig damit bedeckt sind. Die Form verschließen oder abdecken und die Sardinen im Kühlschrank 12–48 Stunden marinieren lassen.

Zum Servieren Lorbeer, Thymian und Sternanis entfernen. Die Sardinen auf einer Platte oder vier Tellern anrichten. Marinade und Gemüse darübergeben und die Sardinen mit Kapern und Brunnenkresse bestreuen.

Ich mag Austern so sehr, dass ich über dieses Wunder der Ozeane zusammen mit einem guten Freund, der seit 30 Jahren von Berufs wegen Austern öffnet, ein Buch schreibe. Dieses Rezept ist ein Klassiker aus China. Wichtig ist dabei, dass der Ingwer zuerst in hauchdünne Scheiben und dann in dünne, lange Stifte geschnitten wird. Gleiches gilt für die Frühlingszwiebeln. Die Sauce besteht aus Essig und Tamari. Letztere können Sie durch coconut aminos oder Fischsauce ersetzen. Wenn ich Fischsauce verwende, gebe ich gerne noch etwas gehackte rote Chilischote, Limettensaft und klein geschnittenes Zitronengras dazu.

AUSTERN
MIT INGWER & FRÜHLINGSZWIEBELN
FÜR 2 PERSONEN

3 cm frischer Ingwer, geschält und in feine Stifte geschnitten

80 ml Tamari (glutenfreie Soja-sauce) oder coconut aminos (aus dem Internet, s. S. 212)

60 ml Fischfond (s. S. 202)

1 EL naturtrüber Apfelessig

12 Austern auf der halben Schale

4 Frühlingszwiebeln, in lange, dünne Streifen geschnitten

Zum Servieren
geröstetes Sesamöl

Koriandergrün

Shiso-Blätter

geröstete helle Sesamsamen

Für die Sauce Ingwer, Tamari, Fischfond oder Wasser und Essig in einem kleinen Topf mischen. Bei mittlerer Hitze zum Köcheln bringen und 2 Minuten köcheln lassen. Die Sauce vom Herd nehmen und beiseitestellen.

In einem Topf etwas Wasser aufkochen lassen. Einen Dämpfkorb in den Topf stellen und die Austern nebeneinander hineinsetzen. Jede Auster großzügig mit Sauce beträufeln und einige Frühlingszwiebelstreifen daraufgeben. Den Deckel auflegen und die Austern 1–2 Minuten dämpfen. Danach mit der restlichen Sauce beträufeln.

Die gedämpften Austern mit Sesamöl beträufeln. Mit Koriandergrün, Shiso-Blättern und Sesam bestreuen und servieren.

Diese Leckerbissen waren bei uns an Weihnachten der Hit. Ich servierte sie, bevor wir uns zum Weihnachtsmenü an den Tisch setzten – und alle waren begeistert. Die Anregung zu diesen Häppchen gab mir der fantastische Koch Ravi Kapur. Wir hatten bei »Outstanding in the Field« zusammengearbeitet, einer Pop-up-Restaurant-Kette aus Santa Cruz, Kalifornien. Seine Version dieser Canapés riss mich dermaßen vom Hocker, dass ich sie einfach auf meine Art interpretieren musste. Für das Gericht können Sie verschiedene Arten von Fisch und Meeresfrüchten verwenden, besonders gut eignen sich Lachs, Garnelen, Jakobsmuscheln oder Seeigel – einer meiner Favoriten.

THUNFISCHTATAR AUF NORI-CHIPS
ERGIBT 18 CANAPÉS

Für die Nori-Chips
150 g Tapiokamehl

150 ml eiskaltes Mineralwasser mit Kohlensäure

zerlassenes Kokosöl zum Braten

3 Noriblätter, in je 6 Quadrate geschnitten

Meersalz

Für das Thunfischtatar
250 g Thunfisch (Sashimi-Qualität)

½ Avocado, das Fruchtfleisch herausgelöst

1 EL geröstetes Sesamöl

1 EL frisch geriebener Ingwer

2 EL Yuzusaft oder Zitronensaft

2 EL Tamari (glutenfreie Sojasauce) oder *coconut aminos* (aus dem Internet, s. S. 212)

½ TL Chiliöl (nach Belieben)

2 EL Zitronen-Olivenöl

schwarzer Pfeffer

1 TL geröstete helle Sesamsamen

kleine Korianderblätter

Für die Chips das Tapiokamehl in eine Rührschüssel geben. Das Mineralwasser unter beständigem Schlagen mit einem Schneebesen dazugießen. Weiterschlagen, bis der Teig die Konsistenz von flüssiger Sahne hat.

In einen Wok oder eine hohe Pfanne 10 cm hoch Kokosöl geben und auf 160 °C erhitzen. Die Noriquadrate nacheinander zuerst in den Backteig tauchen, dann sofort ins heiße Öl gleiten lassen. (Achtung: Wenn die Blätter mit Teig umhüllt sind, werden sie sehr schnell weich. Deshalb sofort nach dem Eintauchen portionsweise in das heiße Öl legen.) Die Quadrate in etwa 30 Sekunden von beiden Seiten goldgelb frittieren. Herausnehmen, auf Küchenpapier abtropfen lassen und mit Meersalz bestreuen.

Für das Tatar den Thunfisch sehr fein würfeln und in eine Schüssel geben. Die Avocado ebenfalls in sehr kleine Würfel schneiden. Die Würfelchen mit Sesamöl, Ingwer, Yuzusaft, Tamari, Chiliöl und Zitronen-Olivenöl zum Thunfisch geben. Alles sorgfältig mischen und das Tatar mit Salz und frisch geschrotetem Pfeffer abschmecken.

Auf jeden Nori-Chip 1 TL Thunfischtatar setzen und mit Sesam und Korianderblättern bestreuen. Die Canapés auf einer Platte anrichten und sofort servieren.

Wilde Forellen zu angeln gehört zu meinen liebsten Hobbys. In die Natur gehen, flussaufwärts laufen und die nächste Mahlzeit beschaffen: Das ist etwas ganz Besonderes. Außerdem weiß ich, dass der Fisch sich ganz natürlich von kleinen Fischen, Insekten und Krustentieren, die ebenfalls im Fluss leben, ernährt hat. Der Geschmack von Süßwasserfisch ist milder als der von Seefisch. Das erfordert manchmal etwas mehr gutes Salz oder Gewürze. Diesen feinen Salat können Sie auch mit Seefisch zubereiten. Ich allerdings ziehe wegen Konsistenz und Geschmack eine erstklassige Räucherforelle vor.

SALAT MIT FORELLE, GRÜNKOHL & FENCHEL
MIT LIMETTEN-KERBEL-DRESSING
FÜR 4 PERSONEN

Für das Dressing
60 ml natives Olivenöl extra

2½ EL frisch gepresster Limettensaft

1 EL naturtrüber Apfelessig

1 EL gehackter Kerbel

1 rote Chilischote, entkernt und fein gehackt

Meersalz und schwarzer Pfeffer

Für den Salat
250 g Grünkohl, dicke Stiele entfernt und Blätter in Streifen geschnitten

3 EL natives Olivenöl extra

¼ Rotkohl, in Streifen geschnitten

1 Fenchelknolle, in Streifen gehobelt

1 rote Zwiebel, in dünne Ringe geschnitten

1 große Handvoll Feldsalat

1 heiß geräucherte Regenbogenforelle, gehäutet, entgrätet und zerpflückt

120 g Mandeln, eingeweicht (s. S. 209) und gehackt

Für das Dressing Olivenöl, Limettensaft, Essig, Kerbel und Chili in einer Schüssel verquirlen. Mit Meersalz und frisch geschrotetem Pfeffer abschmecken.

Für den Salat den Grünkohl in eine große Schüssel geben und mit dem Olivenöl beträufeln. Den Kohl mit den Händen durchkneten. (Dabei wird die Wachsschicht von den Blättern entfernt und sie nehmen das Dressing besser auf.) Das Dressing dazugießen und untermischen. Den Grünkohl 30 Minuten durchziehen lassen.

Kurz vor dem Servieren Rotkohl, Fenchel, Zwiebel, Feldsalat und Forelle unter den Grünkohl heben. Den Salat auf einer großen Platte anrichten, mit den Mandeln bestreuen und servieren.

Als Vater weiß ich, wie gerne Kinder in der Küche helfen, selbst wenn sie nur den Tisch decken dürfen und Servietten falten. Das gibt ihnen das Gefühl, nützlich zu sein und etwas zur gemeinsamen Mahlzeit beizutragen. Diese Häppchen gehören zu den Lieblingsgerichten meiner Familie. Alle sitzen um den Tisch, und darauf stehen Schalen mit verschiedenen Zutaten: frischer roher Fisch, Algen, Kimchi, rohes Gemüse, gerösteter Sesam, Avocado, Blumenkohl-Reis (s. S. 61) und Wasabi. Dann rollt sich jeder seine Häppchen selbst. Ich beobachte die Kids gern dabei, mit welcher Hingabe sie ihre ganz eigenen, wundervollen Kombinationen schaffen.

HAND ROLLS MIT SCHARFEM THUNFISCH

FÜR 4–6 PERSONEN

6 EL Mayonnaise (s. S. 203)

3 TL fermentierte Chilisauce (s. S. 205)

1 TL frisch geriebener Ingwer

2 Tropfen scharfes Sesamöl (oder nach Geschmack)

1 Dose Thunfisch naturell (340 g), abgetropft

200 g Blumenkohl-Reis (s. S. 61)

6 geröstete Noriblätter

1 Avocado, das Fruchtfleisch in Scheiben geschnitten

½ Salatgurke, in Stifte geschnitten

½ Möhre, in Stifte geschnitten

6 cm Daikon (japanischer Rettich), in feine Stifte geschnitten

1 kleine Handvoll sehr kleine Shiso-Blätter

je 1 EL geröstete helle und schwarze Sesamsamen

Wasabi (japanischer Meerrettich) zum Servieren

Tamari (glutenfreie Sojasauce) oder coconut aminos (aus dem Internet, s. S. 212) zum Servieren

Für den scharfen Thunfisch die Mayonnaise mit Chilisauce, Ingwer und Sesamöl in einer Servierschüssel verrühren. Den Thunfisch und den Blumenkohl-Reis zufügen und sorgfältig untermischen. Die Mischung im Kühlschrank 5 Minuten durchziehen lassen.

Zum Füllen die Noriblätter quer halbieren, sodass 10×18 cm große Stücke entstehen. Ein Noristück mit der glatten Seite nach unten auf die Handfläche legen. Etwas Thunfischmischung, Avocado, Gurke, Möhre, Daikon und Shiso daraufgeben. Dann eine Ecke des Blatts über die Füllung klappen und das Blatt zu einem Tütchen aufrollen. Mit Sesam bestreuen. Diesen Vorgang wiederholen, bis alle Häppchen geformt sind. Die Hand Rolls sofort mit Wasabi und Tamari zum Dippen servieren.

Von Laksa kann man nie genug bekommen. Eine der Hauptzutaten für dieses Gericht ist Kurkuma (Gelbwurz). Das schlichte Gewürz zählt zu den Superfoods und wird seit Jahrhunderten verwendet. Die Ärzte der Antike und die Wissenschaftler der Moderne sind sich darüber einig, dass die kleine gelbe Wurzel antimykotisch und entzündungshemmend wirkt und in Sachen Ernährung ein echtes Schwergewicht ist. Ich verwende Kurkuma sowohl frisch als auch getrocknet und gemahlen. Bekannt ist Kurkuma als Basis für Currypasten. Für diese Gericht verwende ich Kelp-Nudeln (aus Seetang) statt gewöhnlicher Reisoder Eiernudeln. Sie können sie aber auch weglassen und stattdessen mehr Gemüse hineingeben.

GARNELEN-LAKSA
FÜR 4 PERSONEN

250 g Kelp-Nudeln

6 Knoblauchzehen

200 g rote Chilischoten, entkernt und grob gehackt

2 Stängel Zitronengras, nur den hellen Teil in dünne Scheiben geschnitten

5 Kaffirlimettenblätter, in dünne Streifen geschnitten

1 TL gemahlene Kurkuma

3 Dosen Kokosmilch (à 440 ml)

2 EL Bio-Honig

1 TL Tamarindenextrakt

500 g rohe Riesengarnelen, bis auf den Schwanzfächer geschält und Darmfaden entfernt

3 EL Fischsauce

3 EL frisch gepresster Limettensaft

¼ Chinakohl, in dünne Streifen geschnitten

Zum Servieren

1 Handvoll Mungobohnensprossen

½ Bund Thai-Basilikum, die Blätter abgezupft

1 kleine Handvoll Koriandergrün

gebratene Schalotten (s. S. 207)

Chiliöl

2 Limetten, halbiert

Die Nudeln in einer Schüssel mit kaltem Wasser bedecken und 10 Minuten quellen lassen. Danach in ein Sieb abgießen und abtropfen lassen.

Inzwischen den Knoblauch mit Chilis, Zitronengras, Limettenblättern und Kurkuma im Blitzhacker pürieren oder im Mörser fein zerstoßen.

Die Kokosmilch in einem großen, schweren Topf bei mittlerer Hitze zum Kochen bringen. Die Knoblauch-Chili-Paste mit Honig und Tamarindenextrakt sorgfältig einrühren. Die Garnelen zugeben und einmal aufkochen lassen. Den Herd ausschalten und die Garnelen in etwa 5 Minuten knapp gar ziehen lassen. Fischsauce, Limettensaft und Chinakohl einrühren und bei mittlerer Hitze 1 Minute in der Sauce erwärmen. Die Sauce dann vom Herd nehmen.

Die eingeweichten Nudeln und die Garnelen auf vier Suppenschalen verteilen und die Sauce darüberschöpfen. Die Laksa mit Sprossen, Basilikum, Koriandergrün und gebratenen Schalotten garnieren. Mit Chiliöl beträufeln und mit den Limettenhälften servieren.

Eine bessere Kombination als Garnelen und Avocados gibt es kaum. Aber es kommt mir fast ein bisschen wie ein Trick vor, sie miteinander zu kombinieren, eben weil das Ergebnis immer grandios ist. Greifen Sie bei Ihrem Fischhändler immer zu den frischesten und fleischigsten Garnelen und kaufen Sie nur reife Avocados, saftige Tomaten und frisches Koriandergrün. Mit diesen Zutaten bereiten Sie dann diesen einzigartigen Salat zu, der als Highlight noch eingelegte Zitronen zu bieten hat. Manchmal gebe ich zusätzlich noch etwas Sauerkraut (s. S. 66) mit hinein. Ihre Freunde und Familie werden glauben, Sie hätten stundenlang in der Küche geschuftet.

POCHIERTE GARNELEN
MIT AVOCADO-ZITRONEN-SALAT
FÜR 4 PERSONEN

16 rohe Riesengarnelen

Meersalz

3 EL Zitronen-Olivenöl

1 EL frisch gepresster Zitronensaft

1 TL gehackter Dill

schwarzer Pfeffer

Für den Salat

2 Avocados, das Fruchtfleisch in Scheiben geschnitten

½ geröstete rote Paprikaschote, entkernt und fein gehackt

1 Eiertomate, entkernt und fein gewürfelt

1 Vogelaugenchilischote, entkernt und fein gehackt

¼ rote Zwiebel, fein gewürfelt

1 EL fein gehackte Schale von 1 eingelegten Zitrone

1 EL gehacktes Koriandergrün

2 EL frisch gepresster Zitronensaft

2 EL Zitronen-Olivenöl, plus mehr zum Beträufeln

2 EL gehackte rote Paprikaschote zum Garnieren

1 Handvoll Koriandergrün und Dillspitzen zum Garnieren

Die Garnelen in sprudelnd kochendem Salzwasser 2–3 Minuten garen, bis sie rosa und fest sind. In eine Schüssel mit Eiswasser geben und auskühlen lassen. Die Garnelen dann bis auf den Schwanzfächer schälen und den Darmfaden entfernen.

Das Zitronen-Olivenöl in einer Schüssel mit Zitronensaft, Dill, Meersalz und frisch geschrotetem Pfeffer verquirlen. Die Garnelen in die Marinade legen, darin wenden und im Kühlschrank 5 Minuten durchziehen lassen.

Inzwischen für den Salat Avocadoscheiben, geröstete Paprika, Tomate, Chili, Zwiebel, Zitronenschale, Koriandergrün, Zitronensaft und 2 EL Zitronen-Olivenöl in eine Schüssel geben. Mit Meersalz und Pfeffer würzen und alles behutsam vermischen.

Den Salat auf eine Servierplatte geben und die Garnelen darauf anrichten. Mit Paprikawürfeln, Koriandergrün und Dillspitzen bestreuen, mit etwas Zitronen-Olivenöl beträufeln und servieren.

Ich esse nur Lachs aus Wildfang, niemals welchen aus Aquakultur. Paleo-Fans und Meeresschützer dulden Aquakultur nicht, weil die Fische nicht artgerecht gehalten werden. Und nicht nur das: Das Fleisch der Zuchtlachse enthält mehr Omega-6- und weniger Omega-3-Fettsäuren als das von Wildlachsen und ist daher ungesund. Natürlich ist Wildlachs teurer, weil die Fischer nicht mit den Preisen der Fischzüchter mithalten können. Aber es ist wichtiger denn je, sich für die Natur einzusetzen und nachhaltig arbeitende Fischereibetriebe zu unterstützen. Statt mit Lachs können Sie dieses Gericht auch mit anderem nachhaltig gefangenem Fisch zubereiten. Es ist im Nu fertig und schmeckt köstlich, die Artischocken-Salsa passt auch gut zu gegrillten Lammkoteletts.

GEGRILLTER WILDLACHS
MIT ARTISCHOCKEN-SALSA

FÜR 4 PERSONEN

150 g reife Tomaten, entkernt und geviertelt

100 g marinierte Artischocken (aus dem Glas), abgetropft

80 g entsteinte Kalamata-Oliven

1 Handvoll glatte Petersilie, gehackt

30 g Pinienkerne, eingeweicht (s. S. 209) und geröstet

150 ml natives Olivenöl extra

Saft von 1 Zitrone

Meersalz und schwarzer Pfeffer

4 Wildlachssteaks (à etwa 170 g)

zerlassenes Kokosöl, Ghee oder Entenschmalz zum Braten

kleine Basilikumblätter zum Servieren

Für die Salsa Tomaten und Artischocken fein würfeln. Die Würfelchen mit Oliven, Petersilie und Pinienkernen in eine Schüssel geben. Olivenöl und Zitronensaft zugeben, mit Meersalz und frisch geschrotetem Pfeffer würzen und alles mischen.

Den Gasgrill auf höchster Stufe vorheizen oder den Holzkohlengrill auf starke Hitze anfeuern.

Die Lachssteaks mit zerlassenem Kokosöl bestreichen und mit Meersalz und Pfeffer würzen. Je nach Dicke von jeder Seite einige Minuten grillen. Auf vier Tellern anrichten und die Salsa daraufgeben. Die Steaks mit Basilikum bestreuen und servieren.

Spanien gilt als Wiege der modernen Avantgarde-Küche. Köche aus aller Welt, darunter auch ich, pilgern in dieses sonnige Land, um Erfahrungen in den kreativsten Küchen der Welt zu sammeln. Für manche ist es vielleicht ein Frevel, den klassischen Paellareis durch Blumenkohl zu ersetzen. Doch auch der Vater der Avantgarde-Küche, Ferran Adrià vom früheren Restaurant elBulli in Roses, interpretierte Couscous neu: Er schnitt Blumenkohl in streichholzkopfgroße Stücke, die aussahen wie Couscous-Körnchen. Diese Paella-Variante hat alles, was eine gute Paella braucht – bis auf den Reis. Probieren Sie diese moderne Version des Klassikers.

PAELLA MIT CHORIZO & MEERESFRÜCHTEN

FÜR 4–6 PERSONEN

500 ml Hühnerbrühe (s. S. 202)

15–20 Safranfäden

1 Blumenkohl, in Röschen geteilt

2 EL Ghee oder Kokosöl

150 g spanische Chorizo, in dicke Scheiben geschnitten

2 rote Paprikaschoten, entkernt und gewürfelt

2 Tomaten, gewürfelt

1 große Zwiebel, gewürfelt

4 Knoblauchzehen, zerdrückt

1 EL Tomatenmark

1 TL edelsüßes Paprikapulver

1 EL geräuchertes Paprikapulver, plus mehr zum Servieren

1 kleines Bund glatte Petersilie, Blätter und Stiele getrennt voneinander gehackt

8 rohe Riesengarnelen, bis auf den Schwanzfächer geschält und Darmfaden entfernt

400 g Miesmuscheln, abgebürstet

300 g Venusmuscheln, abgebürstet

Meersalz und schwarzer Pfeffer

natives Olivenöl extra zum Beträufeln

Saft von ½ Zitrone

Die Hühnerbrühe in einem Topf bei mittlerer Hitze zum Köcheln bringen. Vom Herd nehmen, die Safranfäden einrühren und 5–10 Minuten ziehen lassen.

Inzwischen den Blumenkohl in den Mixer geben und zerkleinern, bis reiskorngroße Stückchen entstanden sind.

Das Ghee in einer großen Pfanne bei mittlerer Hitze heiß werden lassen. Die Chorizoscheiben darin in etwa 1 Minute goldbraun und knusprig braten, dabei einmal wenden. Paprika, Tomaten, Zwiebel, Knoblauch, Tomatenmark und beide Paprikapulversorten zugeben. Alles 2–3 Minuten garen, bis das Gemüse weich ist. Die warme Safranbrühe und die Petersilienstiele zufügen und aufkochen lassen.

Garnelen, Mies- und Venusmuscheln in die Brühe geben und 2–3 Minuten zugedeckt garen, bis die Garnelen gar sind und die Muscheln sich geöffnet haben. Nicht geöffnete Muscheln aussortieren. Den Blumenkohl einstreuen und 1 Minute mitgaren. Die Paella mit Meersalz und frisch geschrotetem Pfeffer abschmecken.

Die Paella in eine Servierschüssel füllen. Mit den Petersilienblättern bestreuen und mit Olivenöl und Zitronensaft beträufeln. Mit geräuchertem Paprikapulver bestäuben und sofort servieren.

Als ich in den USA eine Kochsendung moderierte, war ich für eine Folge bei Doc Willoughby und Chris Schlesinger zu Gast, zwei angesehenen US-amerikanischen Köchen. Die beiden nahmen mich morgens mit an den Strand, um Venusmuscheln zu sammeln. Danach ging es zurück in Chris' Haus, wo fürs Fernsehen gekocht wurde. Mein Lieblingsgericht an diesem Tag war fangfrischer Blaufisch. Dazu gab es einen Salat mit *chouriço*, reifen Tomaten, frischen Kräutern, einem guten Schuss Olivenöl und etwas Zitronensaft – der glich die Üppigkeit der Wurst aus und gab dem Fisch die erforderliche Säure. Liebe Freunde, mit euch zu kochen und Muscheln zu sammeln, war ein echtes Vergnügen!

GEGRILLTE MAKRELE
MIT CHOURIÇO-SALAT
FÜR 4 PERSONEN

Für den Salat

450 g Chouriço (portugiesische Wurst) oder spanische Chorizo, längs halbiert

12 Kirschtomaten, geviertelt

20 g gehackte glatte Petersilie

1 EL zerdrückter Knoblauch

60 ml natives Olivenöl extra

1 EL abgeriebene Schale von 1 Bio-Zitrone

2 EL frisch gepresster Zitronensaft

1 TL Kreuzkümmelsamen, leicht geröstet

Meersalz und schwarzer Pfeffer

Für die Makrele

4 Makrelenfilets mit Haut (à etwa 180 g)

2 EL zerlassenes Kokosöl

kleine Basilikumblätter zum Garnieren

Den Holzkohlen- oder Gasgrill für direktes Grillen über schwacher bis mittlerer Hitze vorbereiten.

Für den Salat die Chouriço von jeder Seite 3–4 Minuten grillen, bis sie außen gebräunt und innen heiß ist. Vom Rost nehmen, in kleine Würfel schneiden und in eine Schüssel geben. Tomaten, Petersilie, Knoblauch, Olivenöl, Zitronenschale, Zitronensaft und Kreuzkümmel zufügen und alles mischen. Den Salat mit Meersalz und frisch geschrotetem Pfeffer abschmecken.

Für die Makrele die Filets kalt abspülen und trocken tupfen. Die Filets dann salzen, pfeffern und auf beiden Seiten mit Kokosöl bestreichen. Mit der Hautseite nach oben auf den Grill legen und mit Alufolie abdecken. Die Filets etwa 5 Minuten grillen, bis sie goldbraun sind. Die Folie abnehmen und den Fisch mit einer Palette wenden. Noch 5 Minuten weitergrillen, bis die Haut knusprig ist und die Filets nicht mehr glasig sind.

Die Makrelenfilets vom Grill nehmen und mit dem Salat auf vier Tellern anrichten. Mit Basilikum bestreuen und servieren.

Miesmuscheln geben beim Garen viel Flüssigkeit ab. Die können Sie abgießen und für andere Meeresfrüchte-Rezepte verwenden oder im Topf lassen, damit die Muscheln besonders aromatisch werden. Nehmen Sie die Muscheln aus dem Topf, sobald sie sich geöffnet haben, sonst wird ihr Fleisch zäh. Den Sud lassen Sie danach bis zur gewünschten Konsistenz einkochen und geben die Muscheln anschließend wieder hinein. Dieses Gericht ist herrlich würzig. Stellen Sie die Schüssel einfach auf den Tisch, dann kann sich jeder selbst bedienen.

MIESMUSCHELN
MIT TOMATEN, LAUCH & SCHARFER SAFRANSAUCE

FÜR 2 PERSONEN

4 EL Ghee oder Kokosöl

3 Knoblauchzehen, in Scheiben geschnitten

1 rote Chilischote, entkernt und in Ringe geschnitten

½ Lauchstange, längs halbiert und quer in Streifen geschnitten

1 TL geräuchertes Paprikapulver

200 ml Weißwein

15–20 Safranfäden

250 ml Hühnerbrühe (s. S. 202)

2 Frühlingszwiebeln, grob zerkleinert

15 Kirschtomaten, halbiert

2 EL frisch gepresster Zitronensaft

1 kg Miesmuscheln, abgebürstet

1 große Handvoll Koriandergrün

Das Ghee in einem großen Topf bei mittlerer bis starker Hitze zerlassen. Knoblauch, Chili, Lauch und Paprikapulver darin unter Rühren 1 Minute rösten. Wein und Safran zugeben und 5 Minuten köcheln lassen. Dann Hühnerbrühe, Frühlingszwiebeln, Tomaten und Zitronensaft zufügen. Alles noch 5 Minuten weiterköcheln lassen, bis die Tomaten weich sind und ihre Haut Blasen wirft.

Die Muscheln in den Sud geben und zugedeckt 4–5 Minuten garen, bis sie sich geöffnet haben. Topf und Deckel mit einem Topflappen fassen und den Topf rütteln, damit die Muscheln sich gleichmäßig im Topf verteilen. Danach nicht geöffnete Muscheln aussortieren und das Koriandergrün unter die Muscheln heben.

Die Muscheln in zwei Schalen anrichten und jeweils die Hälfte des Suds darüberschöpfen. Sofort servieren.

Ich habe schon für viele Prominente gekocht. Aber am nervösesten war ich bei Nora Gedgauda. Sie ist die Autorin von »Primal Body, Primal Mind« — ein Buch, das man gelesen haben sollte — und einer der führenden Köpfe der Paleo-Bewegung. Zubereitet habe ich für sie damals dieses Gericht. Es enthält gesunde Omega-3-Fettsäuren aus Lachs, sekundäre Pflanzenstoffe aus Roter Bete und Granatäpfeln sowie Kalzium aus Tahin.

WILDLACHS
MIT ROTE-BETE-SALAT & FENCHEL
FÜR 4 PERSONEN

Für den Salat
300 g Rote-Bete-Knollen, geschält und in 5 mm große Würfel geschnitten

Meersalz und schwarzer Pfeffer

80 g schwarze Quinoa, abgespült (nach Belieben)

2 EL Rotweinessig

¼ TL gemahlener Kreuzkümmel

½ TL gemahlener Sumach

1 Knoblauchzehe, zerdrückt

4 EL natives Olivenöl extra

1 Granatapfel, Kerne ausgelöst

je 3 EL gehackte Minze und Koriandergrün

Für die Tahin-Sauce
2 EL Vollkorn-Tahin (Sesampaste)

1 EL natives Olivenöl extra

1 Knoblauchzehe, zerdrückt

Saft von 1 Zitrone

Für den Fenchel
1 EL Ghee oder Kokosöl

2 Fenchelknollen, in Streifen gehobelt

80 ml Zitronen-Olivenöl

Saft von 1 Zitrone

Für den Lachs
4 Wildlachsfilets mit Haut (à etwa 170 g), entgrätet

2 EL Kokosöl, zerlassen

Zum Servieren
3 EL Pistazienkerne, eingeweicht (s. S. 209) und grob gehackt

Fenchelgrün, in Stücke gezupft

Granatapfelsirup

Außerdem
zerlassenes Kokosöl für das Blech

Für den Salat den Backofen auf 200 °C vorheizen. Ein Backblech mit Kokosöl fetten. Die Rote-Bete-Würfel darauf verteilen. Mit Meersalz und frisch geschrotetem Pfeffer würzen, mit Alufolie bedecken und im Ofen 15 Minuten garen. Herausnehmen und abkühlen lassen. Nach Belieben für die Quinoa die Körner mit 600 ml Wasser aufkochen und 10 Minuten garen. Abgießen und abkühlen lassen. Essig, Kreuzkümmel, Sumach, Knoblauch und Olivenöl verquirlen. Rote Bete, Granatapfelkerne, Kräuter und eventuell Quinoa in einer Schüssel mischen. Das Dressing unterheben und den Salat mit Salz und Pfeffer abschmecken.

Für die Tahin-Sauce alle Zutaten mit 1 EL Wasser verquirlen. Für den Fenchel das Ghee in einer Pfanne erhitzen. Den Fenchel mit 50 ml Wasser darin unter Rühren 3 Minuten garen. Danach abgießen und abkühlen lassen. Öl und Zitronensaft unterheben, mit Salz und Pfeffer würzen.

Für den Lachs die Filets mit 1 EL Kokosöl bestreichen, salzen und pfeffern. Das restliche Öl in einer Pfanne erhitzen. Die Filets mit der Hautseite nach unten darin 2–3 Minuten braten, bis die Haut goldbraun ist. Wenden und 2 Minuten weiterbraten (das Filet ist innen noch fast roh). Den Fisch auf einen Teller legen, mit Alufolie abdecken und 2 Minuten ruhen lassen. Die Tahin-Sauce auf vier Teller verteilen, Fenchel, Lachs und Salat darauf anrichten. Mit Pistazien und Fenchelgrün bestreuen und mit etwas Granatapfelsirup beträufeln. Sofort servieren.

Dass ich furchtbar gern koche, ist kein Geheimnis. Aber ich habe nicht immer viel Zeit, deshalb muss es manchmal in der Küche schnell gehen. Wenn das bei Ihnen auch so ist, habe ich hier das ideale Gericht für Sie! Es ist schnell und einfach zubereitet und zudem nährstoffreich und köstlich. Seine mediterrane Note verdankt dieser im Papier gegarte Fisch reifen Tomaten, die Säure und Süße beisteuern, und zarten Venusmuscheln. Servieren Sie dazu noch grünes Gemüse oder einen schlichten Salat.

SNAPPER IM BACKPAPIER
MIT VENUSMUSCHELN & KIRSCHTOMATEN
FÜR 2 PERSONEN

2 Red-Snapper-Filets (à etwa 180 g)

Meersalz und schwarzer Pfeffer

10 Venusmuscheln, abgebürstet

2 EL zerdrückter Knoblauch

100 g Ghee oder Kokosöl, zerlassen

4 EL gehackte glatte Petersilie

1 EL gewürfelte rote Chilischote

80 ml trockener Weißwein

10 Kirschtomaten

abgeriebene Schale und Saft von 1 Bio-Zitrone

1 TL geriebene Bottarga (s. Tipp)

Den Backofen auf 220 °C vorheizen. Zwei große Bögen Backpapier nebeneinander in eine große Auflaufform legen. (Die Bögen sollten so groß sein, dass jeweils 1 Fischfilet und 5 Muscheln darin verpackt werden können).

Die Fischfilets kalt abspülen und trocken tupfen. Danach mit Meersalz und frisch geschrotetem Pfeffer würzen. Jedes Filet mittig auf einen Bogen Backpapier legen. Die Muscheln mit Knoblauch, Ghee, Petersilie, Chili, Wein, Tomaten, Zitronenschale und Zitronensaft in einer Schüssel mischen. Die Muschelmischung gleichmäßig auf den Fischfilets verteilen. Das Papier jeweils über dem Fisch zusammenklappen und zu Päckchen falten. Den Fisch im heißen Ofen etwa 10 Minuten garen, bis er durch ist und die Muscheln sich geöffnet haben.

Die Päckchen auf zwei Teller setzen und öffnen. Fisch und Muscheln jeweils mit Bottarga bestreuen und im Papier servieren.

Tipp: Bottarga ist der getrocknete, gepresste Rogen von Meeräsche oder Thunfisch. Sie bekommen diese Spezialität im Fischfachhandel. Falls nicht, geben Sie stattdessen noch 1 gehacktes Sardellenfilet mit in die Muschelmischung.

Dieses Gericht habe ich bestimmt schon mehrere Tausend Mal gekocht, besonders nach der Eröffnung meines zweiten Restaurants, einem eleganten Spezialitätenlokal für Fisch und Meeresfrüchte. Damals war ich 22. Das Rezept gefällt mir noch immer sehr gut, weil es feinen Fisch, fruchtige Kokosnuss und cremige Süßkartoffel miteinander kombiniert. Sie können dafür fast jeden Fisch verwenden. Und statt ihn zu dämpfen, können Sie ihn auch grillen, braten oder in Fischfond oder in der Sauce pochieren. Falls Sie keinen Fisch mögen, ersetzen Sie ihn einfach durch Hähnchenfilet. Wer gern scharf isst, gibt noch ein paar Chilis mehr in die Sauce.

WILDLACHS
MIT KOKOS-LIMETTEN-SAUCE & SÜSSKARTOFFELPÜREE
FÜR 4 PERSONEN

Für das Püree
800 g Süßkartoffeln
1 EL frisch geriebener Ingwer
1 EL Kokosöl
Meersalz und weißer Pfeffer

Für die Kokos-Limetten-Sauce
1 EL Kokosöl
2 TL frisch geriebener Ingwer
2 Knoblauchzehen, zerdrückt

1 rote Vogelaugenchilischote, entkernt und fein gehackt
abgeriebene Schale von 1 Bio-Limette
½ Bund Koriandergrün, nur die Stängel gehackt
2 Stängel Zitronengras, den hellen Teil fein gehackt
2 Kaffirlimettenblätter
500 ml Kokossahne
1½ EL frisch gepresster Limettensaft

1 EL Fischsauce
1 EL Bio-Honig

Für den Lachs
4 Wildlachsfilets mit Haut (à etwa 170 g), entgrätet

Zum Servieren
2 EL gebratene Schalotten (s. S. 207)
2 Limetten, filetiert (s. S. 209)
Kräuterblättchen

Für das Püree den Backofen auf 180 °C vorheizen. Die ganzen Süßkartoffeln auf ein Backblech legen und im heißen Ofen in 1½–2 Stunden weich garen.

Inzwischen für die Sauce das Kokosöl in einem Topf bei mittlerer Hitze heiß werden lassen. Ingwer, Knoblauch, Chili, Limettenschale, Korianderstängel und Zitronengras darin unter Rühren in etwa 1 Minute leicht bräunen. Die Kaffirlimettenblätter in Stücke reißen und einstreuen. Die Kokossahne dazugießen und alles 30 Minuten köcheln lassen. Limettensaft, Fischsauce und Honig einrühren. Die Sauce im Mixer cremig pürieren und danach durch ein feines Sieb streichen.

Für das Püree den Ingwer im Mörser fein zerstoßen. Dann mit 125 ml Wasser verrühren und 30 Minuten ziehen lassen. Das Ingwerwasser durch ein Sieb in eine Schüssel abgießen. Die gegarten Süßkartoffeln schälen und mit Ingwerwasser, Kokosöl, etwas Meersalz und Pfeffer pürieren. Das Püree warm stellen.

Für den Lachs die Filets kalt abspülen und trocken tupfen. Die Hautseite der Filets jeweils einmal einschneiden. Die Filets in einen Dämpfkorb legen, über köchelndes Wasser setzen und 6 Minuten dämpfen, bis sie gerade gegart sind. (Das Wasser dabei nach Belieben noch mit Zitronengras, Kaffirlimettenblättern oder Sternanis aromatisieren.) Den gedämpften Lachs auf einen Teller legen, locker mit Alufolie abdecken und 2 Minuten ruhen lassen.

Die Sauce behutsam wieder erwärmen und auf vier Teller verteilen. Jeweils etwas Süßkartoffelpüree daraufgeben und den Lachs daraufsetzen. Mit gebratenen Schalotten, Limettenfilets und Kräuterblättchen garnieren und servieren.

Ich verbringe viel Zeit mit Surfen und Fischen. Beides ermöglicht mir, fit und mit der Natur verbunden zu bleiben. Als Botschafter des World Wildlife Funds setze ich mich vehement für nachhaltigen Fischfang ein. Das Beste, was wir tun können, ist, selbst zu fischen und nicht mehr aus dem Meer zu holen als gesetzlich erlaubt ist. Nur so haben Fischereibetriebe eine Überlebenschance. Zudem sollten Sie beim Kauf immer nach Fisch und Meeresfrüchten aus nachhaltiger Fischerei Ausschau halten. Für dieses Gericht mit vielen Garnelen, Tintenfischen und Muscheln können Sie fast alle Meeresfrüchte verwenden – es schmeckt immer hervorragend.

MEERESFRÜCHTECURRY
FÜR 4 PERSONEN

4 EL Kokosöl

8 rohe Riesengarnelen, bis auf den Schwanzfächer geschält und Darmfaden entfernt

100 g Kalmartuben, geputzt und rautenförmig eingeritzt (s. S. 208)

4 EL rote Currypaste (s. S. 204)

1½ EL Tomatenmark

2 reife Tomaten, gehackt

375 ml Fischfond (s. S. 202)

2 EL Tamarindenmark

200 g Venusmuscheln, abgebürstet

200 g Miesmuscheln, abgebürstet

100 g Zuckerschoten (nach Belieben)

4 Thai-Auberginen, in 2 cm große Stücke geschnitten

1 EL frisch geriebener Ingwer

2–3 Kaffirlimettenblätter, in grobe Stücke gezupft

2 EL Fischsauce, plus mehr bei Bedarf

2 rote Chilischoten, entkernt und in Ringe geschnitten

Meersalz und schwarzer Pfeffer

1 Handvoll Koriandergrün

Saft von 1 Limette

Blumenkohl-Reis (s. S. 61) zum Servieren

Eine große Pfanne oder einen Wok bei starker Hitze heiß werden lassen. Dann 1 EL Kokosöl hineingeben und durch Schwenken verteilen. Garnelen und Kalmare darin portionsweise 1–2 Minuten braten, bis sie leicht gebräunt und knapp gar sind. Herausnehmen und beiseitestellen.

Die Pfanne mit Küchenpapier auswischen und wieder 1 EL Kokosöl darin erhitzen. Currypaste und Tomatenmark hineingeben und etwa 2 Minuten braten, bis sich das Öl absetzt. Die Tomaten zufügen und unter Rühren etwa 3 Minuten garen, bis sie zerfallen. Fischfond oder Wasser und Tamarindenmark zugeben. Aufkochen und bei mittlerer Hitze 5 Minuten köcheln lassen, bis die Sauce bindet. Beide Muschelsorten, nach Belieben Zuckerschoten, Auberginen, Ingwer und Kaffirlimettenblätter einrühren. Zugedeckt 3–4 Minuten garen, bis die Muscheln sich geöffnet haben. Nicht geöffnete Muscheln aussortieren.

Die gebratenen Garnelen und Kalmare und die Fischsauce ins Curry rühren und etwa 1 Minute darin erwärmen. Das Curry dann vom Herd nehmen und die Chiliringe unterheben. Das Curry mit Meersalz und frisch geschrotetem Pfeffer abschmecken und bei Bedarf mit etwas Fischsauce nachwürzen. Koriandergrün und Limettensaft unterrühren und das Curry mit Blumenkohl-Reis servieren.

Für dieses Rezept können Sie fast jede Art von Fisch und Meeresfrüchten verwenden. Selbst Sardinen oder Garnelen und Jakobsmuscheln lassen sich so zubereiten. Selbstverständlich habe ich Weizenmehl und Semmelbrösel weggelassen. Sie können den Fisch entweder bei 175 °C im Ofen backen oder in der Pfanne braten, bis er goldbraun und knusprig ist. Meine Familie hilft gerne mit, wenn ich dieses Gericht koche: Ich schneide den Fisch in Streifen, Indii wendet sie im Mehl, Nic zieht sie durchs Ei und Chilli paniert sie in den Bröseln. Wir haben immer viel Spaß dabei. Servieren Sie den Fisch mit reichlich Zitronenspalten, etwas Artischocken-Remoulade (s. S. 204) und knackig-grünem Salat.

FISH & CHIPS
FÜR 4 PERSONEN

200 g Macadamianusskerne, eingeweicht (s. S. 209) und sehr fein gehackt oder im Blitzhacker gemahlen

50 g Kokosraspel

2 EL gehackte glatte Petersilie

100 g Tapiokamehl

3 Eier

600 g Fischfilet, gehäutet und in breite Streifen geschnitten

Meersalz und schwarzer Pfeffer

Kokosöl zum Braten

Zum Servieren

Süßkartoffelstifte aus dem Ofen mit Rosmarin & Salbei (s. S. 42)

Zitronenspalten

Artischocken-Remoulade (s. S. 204)

Die Macadamianüsse mit Kokosraspeln und Petersilie in einer Schüssel mischen. Das Tapiokamehl in eine Schale füllen, die Eier in einer zweiten Schale verquirlen. Den Fisch mit etwas Meersalz und frisch geschrotetem Pfeffer würzen. Die Streifen zuerst dünn mit Tapiokamehl bestäuben, dann durch die Eier ziehen und zuletzt in der Nussmischung wenden. Die Nussmischung behutsam andrücken.

Reichlich Kokosöl in einer Pfanne bei mittlerer Hitze zerlassen, bis die Pfanne etwa 5 cm hoch mit flüssigem Öl gefüllt ist. Das Öl auf 160 °C erhitzen. Die Fischstreifen portionsweise im heißen Öl etwa 1 Minute braten, bis sie auf der Unterseite knusprig goldbraun sind. Wenden und die zweite Seite ebenfalls in 1 Minute knusprig goldbraun frittieren. Den Fisch herausnehmen, auf Küchenpapier abtropfen lassen und salzen.

Den frittierten Fisch sofort mit Süßkartoffelstiften, Zitronenspalten und Artischocken-Remoulade servieren.

Wenn diese Garnelen im Sommer auf dem Grill liegen, breitet sich ein verführerischer Duft aus, dem kaum jemand widerstehen kann. Werden Garnelen auf dem Grill oder über offenem Feuer gegart, müssen sie vorher entdarmt werden. Dafür sticht man einen Holzspieß genau hinter dem Kopf längs hinein und zieht ihn wieder heraus. Doch Vorsicht, dabei nicht zerbrechen! Grillen Sie die Garnelen dann mit Kopf und Panzer, bis sie außen leicht verbrannt sind, das Fleisch aber noch saftig ist. Aber nicht zu lange garen! Diese Zubereitungsart ist nicht nur einfach, sondern auch sehr unterhaltsam, weil jeder seine Garnelen selbst schälen muss. Ich persönlich esse Kopf und Panzer mit, aber das kann jeder halten, wie er mag.

GARNELEN-SATÉ
FÜR 4 PERSONEN

Für die Saté-Sauce
140 g Cashewkerne, eingeweicht (s. S. 209)

125 g Mandelbutter

2 EL frisch geriebener Ingwer

1 rote Chilischote, entkernt und gehackt

2 EL Tamari (glutenfreie Sojasauce) oder *coconut aminos* (aus dem Internet, s. S. 212)

1 EL geröstetes Sesamöl

1 EL Ahornsirup

Für Marinade und Garnelen
4 Knoblauchzehen, zerdrückt

2–3 cm frischer Ingwer, geschält und gerieben

4 EL Tamari (glutenfreie Sojasauce) oder *coconut aminos* (aus dem Internet, s. S. 212)

4 EL Kokosöl, zerlassen

1 EL Chiliflocken

1 TL gemahlener Kreuzkümmel

16 rohe Riesengarnelen mit Schwanzfächer und Kopf

Meersalz und schwarzer Pfeffer

Zum Servieren
1 kleine Handvoll Koriandergrün

1 rote Chilischote, entkernt und gehackt

1 Limette, geviertelt

Außerdem
16 Bambusspieße

Zuerst die Bambusspieße 30 Minuten in kaltem Wasser einweichen.

Inzwischen für die Saté-Sauce die Cashewkerne mit der Mandelbutter im Mixer in Intervallen sehr fein zerkleinern. Ingwer und Chili zugeben und untermixen, bis alles glatt ist. Tamari, Sesamöl und Ahornsirup zufügen und sorgfältig untermischen. Dann bei laufendem Mixer 60 ml Wasser zugießen und weitermixen, bis die Sauce glatt ist. Die Sauce in eine Schüssel füllen und beiseitestellen.

Für die Marinade den Knoblauch mit Ingwer, Tamari, Kokosöl, Chiliflocken und Kreuzkümmel in einer großen Schüssel verrühren. Die Riesengarnelen hineinlegen und in der Marinade 10 Minuten ziehen lassen. Die Garnelen danach mit den Schwanzfächern voran auf die Spieße stecken.

Den Grill auf starke Hitze anfeuern oder eine Grillpfanne stark erhitzen. Die Garnelen auf dem Grill von jeder Seite 2 Minuten garen, bis sie sich rosa färben und gar sind. Mit Meersalz und frisch geschrotetem Pfeffer würzen.

Die Spieße auf vier Tellern oder einer Servierplatte anrichten und mit Koriandergrün und Chili bestreuen. Mit Limettenvierteln und der Saté-Sauce servieren.

GEFLÜGEL

In meiner Kindheit machte meine Mutter oft Hähnchenflügel, und ich erinnere mich nur zu gerne an den Duft, der dabei durchs Haus zog. Ich liebte nicht nur das saftig-weiche Fleisch, sondern auch die klebrig-süße Soja-Honig-Sauce, mit der sie die Flügel bestrich. Ich habe versucht, mich möglichst genau an das Rezept meiner Mutter zu halten. Aber trotzdem habe ich einige andere Aromen zugefügt, die wunderbar passen. Natürlich können Sie Marinade und Sauce auch für andere Hähnchenteile oder für Ente, Lamm oder Schweinefleisch verwenden.

VIETNAMESISCHE HÄHNCHENFLÜGEL
FÜR 4 PERSONEN

2 EL Tamari (glutenfreie Soja-sauce) oder *coconut aminos* (aus dem Internet, s. S. 212)

2 EL Entenschmalz oder Kokosöl, zerlassen

1 EL Fischsauce

2 TL Bio-Honig (nach Belieben)

4 Knoblauchzehen, zerdrückt

2 Frühlingszwiebeln, fein gehackt

1 TL Chiliflocken

½ TL chinesisches Fünf-Gewürze-Pulver

12 Hähnchenflügel

Zum Servieren
gebratene Schalotten (s. S. 207)

gebratene Chilischoten (s. S. 207)

1 kleine Handvoll Asia-Kräuter (z. B. Thai-Basilikum, Koriander-grün, Vietnamesischer Koriander)

Für die Marinade Tamari, Entenschmalz, Fischsauce, nach Belieben Honig, Knoblauch, Frühlingszwiebeln, Chiliflocken und Fünf-Gewürze-Pulver in einer großen Schüssel verrühren. Die Hähnchenflügel hineinlegen und in der Marinade wenden. Dann abgedeckt in den Kühlschrank stellen und mindestens 1 Stunde, besser über Nacht, durchziehen lassen.

Den Backofen auf 200 °C vorheizen. Die Hähnchenflügel nebeneinander auf ein Backblech legen und im heißen Ofen 25–30 Minuten garen, bis sie goldbraun und durchgegart sind.

Die Hähnchenflügel aus dem Ofen nehmen und auf einer Servierplatte anrichten. Mit gebratenen Schalotten, gebratenen Chilischoten und Asia-Kräutern bestreut servieren.

Salatkörbchen finde ich großartig: Sie sind so vielseitig, denn man kann verschiedenste Leckerbissen darin anrichten, sogar die Reste vom Abendessen. Sobald Sie alle Zutaten für das gewünschte Gericht vorbereitet haben, machen Sie diese mit Ihrem Lieblingsdressing oder Ihrer Lieblingssauce an — beispielsweise mit Pesto (ohne Käse), Tahin, Salsa verde, Meerrettich-Aioli oder mit geröstetem Knoblauch und Zitrone. Hier hat die Füllung eine asiatische Note. Die Körbchen sind besonders bei hungrigen Teenagern sehr beliebt. Damit können sie sich nach dem Wochenendsport auf gesunde Weise stärken.

SALATKÖRBCHEN MIT PUTE & SHIITAKEPILZEN

FÜR 4 PERSONEN

1 EL Kokosöl, Ghee oder Entenschmalz

3 Knoblauchzehen, zerdrückt

4 Schalotten, gewürfelt

2 TL frisch geriebener Ingwer

600 g Putenhackfleisch

120 g Shiitakepilze, gehackt

2 EL Tamari (glutenfreie Soja-sauce) oder *coconut aminos* (aus dem Internet, s. S. 212)

1 EL Fischsauce, plus mehr zum Abschmecken

1 TL Bio-Honig (nach Belieben)

1 Dose Wasserkastanien (225 g), abgetropft und fein gehackt

4 Frühlingszwiebeln, fein gehackt

2 rote Chilischoten, entkernt und gehackt

100 g Mungobohnensprossen

Meersalz

8 Eissalatblätter, gewaschen und trocken geschleudert

in Stücke gezupftes Koriander-grün zum Garnieren

Limettenspalten zum Servieren

Einen Wok oder eine große Pfanne bei mittlerer Hitze heiß werden lassen. Das Kokosöl hineingeben und durch Schwenken verteilen. Knoblauch, Schalotten und Ingwer im heißen Öl 1 Minute anschwitzen. Fleisch und Pilze zugeben und unter gelegentlichem Rühren 4–5 Minuten braten, bis beides gebräunt und gar ist. Tamari, Fischsauce und nach Belieben Honig unterrühren. Wasserkastanien, Frühlingszwiebeln und Chilis unterheben und alles 2–3 Minuten weitergaren. Vom Herd nehmen und die Sprossen untermischen. Die Hackmischung zuletzt mit Meersalz oder mit Fischsauce abschmecken.

Die Salatblätter mit der Wölbung nach unten auf eine Servierplatte oder auf vier Teller setzen und die Hackmischung darin verteilen. Die Körbchen mit Koriandergrün bestreuen und mit Limettenspalten servieren.

Frische junge Kokosnüsse haben viel zu bieten, vom belebenden Kokoswasser bis hin zum geleeartigen Fruchtfleisch. Das gilt als sehr gesund und lässt sich vielseitig verwenden, zum Beispiel unter cremige Dressings mixen, zu Desserts oder Snacks verarbeiten, in Smoothies rühren oder in Currys und Wokgerichte mischen. Besonders gerne aber benutze ich das in einem Stück herausgelöste Fruchtfleisch als Servierschale für diesen vietnamesisch angehauchten Salat – es wird dann einfach zusammen mit dem Salat gegessen. Sie können das Fruchtfleisch aber auch klein schneiden und unter den Salat mischen. Beides schmeckt köstlich!

HÄHNCHENSALAT MIT KOKOSNUSS
FÜR 4 PERSONEN

Für die marinierten Zwiebeln
½ rote Zwiebel, in dünne Ringe geschnitten

3 EL naturtrüber Apfelessig

Für das Dressing
80 ml Fischsauce

2 EL frisch geriebener Ingwer

3 Knoblauchzehen, zerdrückt

1–2 rote Chilischoten, entkernt und fein gehackt

3–4 EL Limettensaft

1 EL Bio-Honig (nach Belieben)

Für das Hähnchen
500 g Hähnchenbrustfilet

800 ml Kokosmilch

2 EL Fischsauce

1 EL frisch geriebener Ingwer

1 Knoblauchzehe, zerdrückt

Für den Salat
300 g Weißkohl, in dünne Streifen geschnitten

2 Handvoll Koriandergrün

1 Handvoll Minzeblätter

1 Handvoll Thai-Basilikum oder Tulsi (Indisches Basilikum)

80 g Möhre, geraspelt

Zum Servieren
2 junge grüne Kokosnüsse (Bezugsquellen, s. S. 212)

3 EL gebratene Schalotten (s. S. 207)

2 EL gebratener Knoblauch (s. S. 207)

80 g Mandeln, eingeweicht (s. S. 209), geröstet und zerstoßen

Für die marinierten Zwiebeln Zwiebelringe und Essig in einer Schüssel mischen und 20 Minuten ziehen lassen. Dann abgießen. Für das Dressing Fischsauce, Ingwer, Knoblauch, Chilis, Limettensaft, nach Belieben Honig und 80 ml Wasser in einer Schüssel verrühren.

Für das Hähnchen das Filet in einen Topf geben und Kokosmilch, 250 ml Wasser, Fischsauce, Ingwer und Knoblauch zugeben. Bei mittlerer Hitze zum Köcheln bringen, dann 10–12 Minuten köcheln lassen, bis das Fleisch gar ist. Vom Herd nehmen und abkühlen lassen. Sobald das Fleisch handwarm ist, herausnehmen und in Streifen schneiden.

Für den Salat den Kohl mit Koriandergrün, Minze, Basilikum und Möhrenraspeln in einer großen Schüssel mischen.

Mit einem großen, scharfen Messer 1 Kokosnuss quer halbieren. Das Kokoswasser abgießen und anderweitig verwenden. Bei jeder Hälfte mit einem großen Löffel vorsichtig zwischen Fruchtfleisch und Schale kreisförmig von oben nach unten entlangfahren und das Fruchtfleisch so in einem Stück lösen. Dabei jedoch nicht verletzen. Den Löffel dann unter das Fruchtfleisch schieben und dieses herausheben. Mit der restlichen Kokosnuss wiederholen.

Die Filetstreifen und das Dressing unter den Salat heben und diesen in den vier Kokoshälften anrichten. Gebratene Schalotten, gebratenen Knoblauch, Mandeln und marinierte Zwiebeln darauf verteilen und servieren. Das Fruchtfleisch zusammen mit dem Salat essen.

Tipp: Sie können auch schon die marinierten Fleischstücke auf Bambusspieße stecken (diese vorher 30 Minuten in kaltem Wasser einweichen). Die Spieße dann in der Mandelmischung wenden und wie beschrieben frittieren.

Weil ich so gern Backhähnchen esse, musste ich unbedingt eine Paleo-Variante für diesen Klassiker finden. Inzwischen habe ich viele leckere Rezepte entwickelt, aber dieses hier gefällt mir mit seiner japanischen Note am besten. Ich serviere es gern mit einem Salat aus frischem, knackigem japanischem Rettich (Daikon) oder Frühlingszwiebeln. Aber experimentieren Sie selbst mit den verschiedenen Kräutern und Gewürzen und lassen Sie sich von den Küchen dieser Welt inspirieren.

JAPANISCHES KNUSPERHÄHNCHEN
MIT MISO-MAYONNAISE
FÜR 4 PERSONEN

Für die Miso-Mayonnaise
120 g Mayonnaise (s. S. 203)

1 TL weiße Misopaste

1 EL Bonitoflocken, in der Hand fein zerrieben

Für Marinade und Huhn
1 TL frisch geriebener Ingwer

2 Knoblauchzehen, zerdrückt

1 Eigelb

2 EL Weißwein

3 EL Tamari (glutenfreie Sojasauce) oder *coconut aminos* (aus dem Internet, s. S. 212)

1 EL geröstetes Sesamöl

Meersalz und schwarzer Pfeffer

800 g Hähnchenbrustfilet, in 5 cm große Stücke geschnitten

75 g Mandelmehl

90 g Tapiokastärke

Kokosöl zum Frittieren

Zum Servieren
junge, zarte Shiso-Blätter

schwarze und helle Sesamsamen, geröstet

ichimi togarashi (gemahlene rote japanische Chilischoten, nach Belieben)

Außerdem
8 Bambusspieße

Für die Miso-Mayonnaise die Mayonnaise mit Misopaste und zerriebenen Bonitoflocken glatt verrühren.

Für die Marinade Ingwer, Knoblauch, Eigelb, Wein, Tamari, Sesamöl, 1 TL Meersalz und etwas frisch geschroteten Pfeffer in einer Schüssel mischen. Die Filetstücke in der Marinade wenden, bis sie gleichmäßig damit überzogen sind. Im Kühlschrank 10–15 Minuten durchziehen lassen.

Mandelmehl und Tapiokastärke in einer Schale mischen. Die Fleischstücke aus der Marinade nehmen und in der Mandelmischung wenden. Überschüssige Mandelmischung abschütteln.

Einen Wok oder einen Topf halb hoch mit Kokosöl füllen. Das Öl bei mittlerer Hitze auf 170 °C erhitzen. Zur Probe ein Fleischstück hineingeben. Wenn das Öl sofort aufwallt, ist es heiß genug. Die Fleischstücke portionsweise in je 2–3 Minuten knusprig goldbraun frittieren. Herausheben und auf Küchenpapier abtropfen lassen. Dann salzen und pfeffern.

Die frittierten Fleischstücke auf die Spieße stecken und mit Shiso, Sesam und nach Belieben *ichimi togarashi* bestreuen. Mit der Miso-Mayonnaise servieren.

Warum ist Hähnchensalat eigentlich so beliebt? In meinem ersten Restaurant gab es einen einfachen Caesar's Salad mit gegrilltem Hähnchenfleisch – der wurde häufiger bestellt als alles andere. Das Schöne an Hähnchensalaten ist, dass sie wichtige Proteine liefern, schon eine kleine Portion von 50–100 g reicht völlig aus. Stellen Sie jedoch sicher, dass Ihr Salat zum größten Teil aus Blattsalat, Gemüse, Nüssen, Samen, einem Dressing und vielleicht etwas Obst besteht. Mein Trick: Wenn ich Hähnchen zubereite, gare ich immer etwas mehr und habe so stets Fleisch zur Hand, das ich anderweitig verwenden kann.

HÄHNCHENSALAT
MIT AVOCADO-DRESSING
FÜR 4–6 PERSONEN

Für das Dressing

1 reife Avocado, das Fruchtfleisch zerdrückt

2 EL natives Olivenöl extra

2 EL Kokossahne

1 EL naturtrüber Apfelessig

je 1 EL gehackte glatte Petersilie und gehackter Dill

1 TL fermentierter Senf (s. S. 206)

½ TL Zwiebelpulver

Meersalz und schwarzer Pfeffer

2 Hähnchenbrustfilets mit Haut

2 EL Ghee, Entenschmalz oder Kokosöl, zerlassen

Für den Salat

4 Staudensellerieherzen mit Grün, gehackt

2 Äpfel (z. B. Granny Smith), die Kerngehäuse entfernt und in dünne Scheiben geschnitten

2 Stauden Chicorée, die Blätter abgelöst und in Stücke gezupft

je 1 große Handvoll Frisée- und Feldsalatblätter

½ Bund Estragon, die Blätter in Stücke gezupft

40 g Rosinen

30 g Walnusskerne, eingeweicht (s. S. 209), geröstet und grob gehackt

80 ml natives Olivenöl extra

2 EL naturtrüber Apfelessig

Für das Dressing das Avocadofruchtfleisch mit 4 EL Wasser, Olivenöl, Kokossahne, Essig, Petersilie, Dill, Senf und Zwiebelpulver im Mixer glatt pürieren. Das Dressing mit Meersalz und frisch geschrotetem Pfeffer abschmecken. In eine Schüssel füllen und abgedeckt bis zur Verwendung in den Kühlschrank stellen.

Den Backofen auf 200 °C vorheizen. Die Hähnchenfilets mit etwas Ghee einreiben und mit Salz und Pfeffer würzen. Das restliche Ghee in einer großen Pfanne erhitzen. Die Filets mit der Hautseite nach unten hineinlegen und in 2 Minuten knusprig und hellbraun braten. Wenden und die zweite Seite in 1 Minute hellbraun braten. Die Filets mit der Hautseite nach oben auf ein Backblech legen und im heißen Ofen 7 Minuten braten, bis sie durchgegart sind. Herausnehmen und abkühlen lassen.

Die knusprige Haut von den Filets ablösen und in schmale Streifen schneiden. Das Fleisch in 1 cm dicke Scheiben schneiden.

Für den Salat Sellerie, Äpfel, Chicorée, Frisée, Feldsalat, Estragon, Rosinen und Walnüsse in eine Schüssel geben. Öl und Essig verquirlen und über den Salat träufeln. Hähnchenfleisch und -haut zugeben, salzen, pfeffern und alles mischen. Den Salat in einer Schüssel anrichten und mit etwas Avocado-Dressing beträufeln. Das restliche Dressing dazu servieren.

Aus Jamaika kommt die Jerk-Marinade, die hervorragend zu Fleisch, Geflügel, Fisch, Meeresfrüchten und sogar Eiern passt. Es gibt die unterschiedlichsten Jerk-Mischungen, aber alle enthalten Piment und Chili sowie andere Kräuter und Gewürze. Nach Geschmack und Verfügbarkeit sind das Gewürznelken, Zimt, Frühlingszwiebeln, Knoblauch, Muskatnuss, Thymian, Salz und Pfeffer. Ich bereite dieses Gericht am liebsten mit Hähnchenkeulen zu, weil sie wegen des höheren Fettgehalts saftiger und aromatischer bleiben als Hähnchenbrust. Aber natürlich können Sie auch ein ganzes Hähnchen oder eine Ente mit der Marinade einreiben und dann im Backofen braten – ein echtes Highlight!

JERK-HÄHNCHENKEULEN
MIT PAPAYA-MANGO-SALSA

FÜR 4 PERSONEN

Für die Hähnchenkeulen

1 rote Zwiebel, gewürfelt

3 Frühlingszwiebeln, gehackt

6 Knoblauchzehen, zerdrückt

4 Habanero-Chilischoten, entkernt

60 ml frisch gepresster Limettensaft

3 EL Tamari (glutenfreie Sojasauce) oder *coconut aminos* (aus dem Internet, s. S. 212)

3 EL Kokosöl, zerlassen

1 EL Weißweinessig

1 EL Bio-Honig (nach Belieben)

1 EL Thymianblättchen

1 EL geräuchertes Paprikapulver

2 TL gemahlener Piment

½ TL gemahlener Zimt

¼ TL frisch geriebene Muskatnuss

Meersalz und schwarzer Pfeffer

2 Lorbeerblätter

1 kg Hähnchenkeulen, entbeint

Für die Papaya-Mango-Salsa

½ Papaya, das Fruchtfleisch in 1 cm große Würfel geschnitten

1 Mango, das Fruchtfleisch in 1 cm große Würfel geschnitten

½ rote Zwiebel, fein gewürfelt

1 Jalapeño-Chilischote, entkernt und fein gehackt

1 rote Chilischote, entkernt und fein gehackt

3 EL frisch gepresster Limettensaft

2 EL gehacktes Koriandergrün, plus mehr zum Servieren

2 EL gehackte Minze, plus mehr zum Servieren

Limettenspalten zum Servieren

Für die Hähnchenkeulen Zwiebel, Frühlingszwiebeln, Knoblauch, Chilis, Limettensaft, Tamari, Kokosöl, Essig, nach Belieben Honig, Thymian, Paprikapulver, Piment, Zimt, Muskatnuss, 1½ TL Meersalz und 2 TL frisch gemahlenen Pfeffer im Mixer glatt pürieren. Die Paste mit den Lorbeerblättern in eine große Schale füllen. Die Hähnchenkeulen hineinlegen und darin wenden. Danach abgedeckt über Nacht im Kühlschrank durchziehen lassen.

Für die Salsa Papaya, Mango, Zwiebel, Chilis, Limettensaft, Koriandergrün und Minze in eine Schüssel geben. Alles behutsam mischen und mit etwas Salz würzen.

Die Hähnchenkeulen wieder Raumtemperatur annehmen lassen. Währenddessen den Grill (Gas oder Holzkohle) auf mittlere bis hohe Temperatur anfeuern. Die Hähnchenkeulen aus der Marinade nehmen und 15 Minuten grillen, bis sie durchgegart sind. Dabei mehrmals wenden und mit Marinade bestreichen. Vom Grill nehmen, mit Alufolie abdecken und 5–10 Minuten ruhen lassen.

Die Hähnchenkeulen mit den Limettenspalten auf einer Platte anrichten. Mit Koriandergrün und Minzeblättern bestreuen und mit der Salsa servieren.

Die Leber zählt zu den wichtigsten essbaren Teilen eines Tieres. Überhaupt enthalten Innereien zwischen zehn- und hundertmal mehr Nährstoffe als Muskelfleisch. In alten Kulturen schätzte man sie so sehr, dass man sie zuerst und das Fleisch zuletzt aß. Von allen Innereien wird heute die Leber in westlichen Ländern am häufigsten gegessen. Die meisten Leute haben sie schon einmal probiert – üblicherweise in einer Paté. Dieser Salat bietet die Gelegenheit, Leber einmal anders zu genießen. Das scharfe Dressing und viele frische Kräuter sorgen dafür, dass man gar nicht mehr aufhören möchte zu essen.

SCHARF-SAURE ENTENLEBER
MIT ASIA-KRÄUTER-SALAT
FÜR 4 PERSONEN

Für das Dressing

120 ml frisch gepresster Limettensaft

2 EL Fischsauce

½ TL geröstetes Sesamöl

2 EL Bio-Honig (nach Belieben)

1–2 TL Chiliflocken

1 Knoblauchzehe, zerdrückt

Für die Leber

600 g Enten- oder Hähnchenleber, geputzt

Meersalz und schwarzer Pfeffer

3 EL Kokosöl oder Entenschmalz

Für den Kräutersalat

1 Handvoll Minzeblätter

je 1 große Handvoll Vietnamesischer Koriander, Koriandergrün und Thai-Basilikum-Blätter

3 rote Chilischoten, entkernt und in Streifen geschnitten

3 Frühlingszwiebeln, nur den grünen Teil in dünne Streifen geschnitten

2 Kaffirlimettenblätter, in dünne Streifen geschnitten

1 TL helle Sesamsamen

3 Tomaten (am besten Green Zebra), in dünne Scheiben geschnitten

1 Salatgurke, längs in dünne Streifen geschnitten

Sonnenblumenkerne, eingeweicht (s. S. 209), zum Servieren

Für das Dressing Limettensaft, Fischsauce, Sesamöl, nach Belieben Honig, Chiliflocken und Knoblauch in einer Schüssel verquirlen.

Die Entenleber mit Meersalz und frisch geschrotetem Pfeffer würzen. Eine große Pfanne oder einen Wok bei mittlerer Hitze heiß werden lassen und das Kokosöl darin 30 Sekunden erhitzen. Die Lebern nebeneinander hineinlegen und etwa 2 Minuten braten, bis sie gebräunt sind. Dann wenden und von der zweiten Seite ebenfalls 1–2 Minuten braten, sodass sie innen noch rosa sind. Falls nötig die Lebern in zwei Portionen braten. Die gebratenen Lebern auf einen Teller legen und abkühlen lassen.

Für den Kräutersalat in einer großen Schüssel Minze, Vietnamesischen Koriander, Koriandergrün, Thai-Basilikum, Chilis, Frühlingszwiebeln, Limettenblätter, Sesam, Tomaten und Gurke mischen. Die Lebern dazugeben und behutsam unterheben.

Den Salat auf einer Platte anrichten. Großzügig mit dem Dressing beträufeln und mit Sonnenblumenkernen bestreuen. Das restliche Dressing dazu servieren.

Wenn ich das Wort »Schnitzel« höre, denke ich sofort: »Oh, wie lecker!«. Schnitzel mochte ich schon als Kind, und das wird sich wohl auch nicht mehr ändern. Klassisch wird ein Schnitzel – meist vom Kalb oder vom Schwein – vor dem Braten in Mehl gewendet, durch verquirltes Ei gezogen und zuletzt in Semmelbröseln paniert. Meine Paleo-Variante des Klassikers ist mindestens ebenso köstlich: Ich habe mich dabei für Hähnchenschnitzel entschieden. Das Fleisch wird dünn mit Tapiokamehl bestreut, danach in verquirltem Ei gewendet und zum Schluss mit gewürztem Mandelmehl überzogen.

HÄHNCHENSCHNITZEL
MIT WURZELGEMÜSESALAT

FÜR 2 PERSONEN

2 Hähnchenbrustfilets oder 14 geputzte Hähnchenlebern (etwa 350 g)

300 g Mandelmehl, plus mehr bei Bedarf

2 TL Knoblauchpulver

2 TL Zwiebelpulver

1 TL Chilipulver (z. B. Ancho-Chilipulver)

2 TL getrocknete Petersilie

Meersalz und schwarzer Pfeffer

60 g Tapiokamehl

3 Eier

80 ml Kokosmilch

etwa 500 g Kokosöl zum Braten

Zum Servieren

Salat aus Wurzelgemüse mit Kerbelmayonnaise (s. S. 58)

Zitronenspalten

Die Hähnchenbrustfilets zwischen zwei Bogen Backpapier flach klopfen, bis sie etwa 5 mm dick sind.

Mandelmehl, Knoblauch- und Zwiebelpulver, Chilipulver, getrocknete Petersilie, Meersalz und frisch geschroteten Pfeffer in einer Schüssel mischen.

Die Schnitzel mit dem Tapiokamehl bestreuen und überschüssiges Mehl abschütteln.

Die Eier mit der Kokosmilch in einer zweiten Schüssel mit einem Schneebesen glatt verquirlen.

Die Schnitzel nacheinander zuerst durch die Eimischung ziehen und dann in der Mandelmischung wenden, bis sie vollständig damit umhüllt sind.

Das Kokosöl in einer Pfanne bei mittlerer bis starker Hitze zerlassen, bis die Pfanne etwa 4 cm hoch mit flüssigem Öl gefüllt ist. Das Öl auf 160 °C erhitzen und die Schnitzel darin in 3–5 Minuten von beiden Seiten goldbraun braten. Herausnehmen, auf Küchenpapier abtropfen lassen, salzen und pfeffern. Die Schnitzel mit dem Wurzelgemüsesalat und Zitronenspalten servieren.

Je häufiger ich dieses Gericht zubereite, desto besser gefällt es mir. Und je öfter ich es esse, desto lieber koche ich es! Es schmeckt wirklich köstlich und steht in weniger als 10 Minuten auf dem Tisch. Ich spiele gern damit und gebe auch mal andere Gewürze und Kräuter, Eiweißlieferanten wie Garnelen, Taschenkrebsfleisch, Putenfleisch oder Speck oder andere Gemüse dazu. So entsteht eine leckere, ausgewogene Mahlzeit. An heißen Tagen, wenn man sich nach einem erfrischenden, kühlen Gericht sehnt, lasse ich den Reis auf Raumtemperatur abkühlen oder im Kühlschrank kalt werden.

GEBRATENER BLUMENKOHL-REIS
MIT HÄHNCHENFLEISCH
FÜR 4 PERSONEN

1 Blumenkohl, in Röschen geteilt

2 EL Kokosöl

4 Scheiben Frühstücksspeck (Bacon) oder Schinken, fein gewürfelt

500 g Hähnchenbrustfilet, in 2–3 cm große Stücke geschnitten

4 Eier, mit 1 Schuss Fischsauce verquirlt

1 Zwiebel, fein gewürfelt

2 Knoblauchzehen, zerdrückt

½ rote Paprikaschote, entkernt und gewürfelt

2–3 cm frischer Ingwer, geschält und gerieben

100 g Okraschoten, in Scheiben geschnitten

100 g Rosenkohl, in Scheiben geschnitten

3 EL Tamari (glutenfreie Sojasauce) oder *coconut aminos* (aus dem Internet, s. S. 212)

2 Frühlingszwiebeln, in dünne Ringe geschnitten

2 EL gehacktes Koriandergrün

2 EL gehackte glatte Petersilie

50 g Mungobohnensprossen

Meersalz und weißer Pfeffer

1 Spritzer Fischsauce

Den Blumenkohl in den Mixer geben und zerkleinern, bis reiskorngroße Stückchen entstanden sind.

In einem Wok oder einer großen Pfanne etwas Kokosöl bei starker Hitze heiß werden lassen. Den Speck darin in 2–3 Minuten knusprig braten, herausnehmen und beiseitestellen. Den Wok auswischen und wieder etwas Kokosöl darin erhitzen. Die Filetstücke hineingeben und bei starker Hitze unter Rühren etwa 3 Minuten braten, bis sie goldbraun und durchgegart sind. Herausnehmen und beiseitestellen.

Den Wok erneut auswischen und etwas Kokosöl darin bei mittlerer Hitze zerlassen. Die Eier hineingießen und den Wok kippen, damit rohes und gestocktes Ei sich mischen. Das Omelett wenden und in etwa 2 Minuten goldgelb braten. Herausnehmen und in dünne Streifen schneiden.

Das restliche Kokosöl im Wok erhitzen. Zwiebel und Knoblauch darin bei starker Hitze in etwa 3 Minuten weich braten. Paprika und Ingwer zufügen und 3–5 Minuten mitbraten. Okras und Rosenkohl zugeben und 1 Minute mitbraten. Den Blumenkohl einrühren und alles 2–3 Minuten weiterbraten. Tamari, Frühlingszwiebeln, Koriandergrün, Petersilie, Sprossen, Speck, Filetstücke, Omelettstreifen, Meersalz und gemahlenen Pfeffer unterheben. Alles 1 Minute pfannenrühren. Den Blumenkohl-Reis zuletzt mit Fischsauce würzen, in einer Schüssel anrichten und servieren.

In den letzten Jahrzehnten standen in meinem Restaurant Wachteln in vielen verschiedenen Zubereitungsarten auf der Karte, und sie kamen immer gut an. Das Entscheidende beim Garen von Wachteln ist das Timing, denn man darf sie nicht zu lange garen. Das Fleisch der Keulen sollte fast vom Knochen fallen, und das Brustfleisch muss zart, saftig und noch leicht rosa sein. Die Honig-Senf-Marinade wird beim Grillen goldbraun und ihr Aroma harmoniert perfekt mit der feinen Wildnote des Wachtelfleisches. Wenn Sie keine Wachteln mögen, lassen Sie Hähnchen-, Enten- oder Schweinefleisch in der Marinade ziehen.

GEGRILLTE HONIG-SENF-WACHTELN

FÜR 2 PERSONEN

Für Marinade und Wachteln
4 EL Bio-Honig

3 EL Macadamiaöl oder zerlassenes Kokosöl

3 EL fermentierter Senf (s. S. 206)

3 EL Balsamico-Essig

1 EL gehackter Thymian

2 Knoblauchzehen, zerdrückt

2 Wachteln, schmetterlingsförmig aufgeklappt

Salz und schwarzer Pfeffer

Für den Kräutersalat
¼ Bund Schnittlauch, in 2–3 cm lange Stücke geschnitten

1 Bund Estragon, in Stücke gezupft

½ Bund Oregano, Blätter in Stücke gezupft

1 große Handvoll Kerbel, in Stücke gezupft

1 Fenchelknolle, in Streifen gehobelt

3 Radieschen, in dünne Scheiben geschnitten

4 EL natives Olivenöl extra

1 EL frisch gepresster Zitronensaft

Für die Marinade den Honig mit Öl, Senf, Essig, Thymian und Knoblauch in einer Schüssel glatt verrühren. Etwa 5 EL Marinade abnehmen, in einen Behälter füllen und bis zur Verwendung kühl stellen. Die Wachteln in die restliche Marinade legen und darin wenden. Abgedeckt im Kühlschrank mindestens 1 Stunde, besser über Nacht, marinieren.

Die Wachteln danach auf einen Teller legen und mit Meersalz und frisch geschrotetem Pfeffer würzen. Den Backofen auf 200 °C vorheizen.

Eine Grillpfanne bei starker Temperatur erhitzen oder den Gartengrill auf starke Hitze anfeuern. Die Wachteln mit der Hautseite nach unten in die Pfanne oder auf den Grill legen und 2 Minuten grillen. Dabei mehrmals mit Marinade bestreichen. Wenden und 1 Minute weitergrillen. Die Wachteln dann in eine ofenfeste Form legen und im heißen Ofen 5–6 Minuten braten, bis sie gar sind. Herausnehmen und 2–3 Minuten ruhen lassen, dabei warm halten.

Die gekühlte Marinade in einem kleinen Topf bei mittlerer Hitze zum Köcheln bringen. Vom Herd nehmen und mit etwas Salz abschmecken.

Kurz vor dem Servieren für den Salat Kräuter, Fenchel und Radieschen in einer Schüssel mischen. Den Salat mit Olivenöl und Zitronensaft anmachen und auf zwei Tellern anrichten. Die Wachteln danebenlegen, mit der warmen Marinade beträufeln und servieren.

Der Biochemiker Robb Wolf ist der Autor von »The Paleo Solution« und Experte in Sachen Paleoküche. Robb hat mir freundlicherweise eines seiner schnellen und köstlichen Rezepte zum Testen gegeben – es war lecker! Wenn's mal schnell gehen muss, empfiehlt Robb, gekaufte Currypaste zu verwenden. Die sollte natürlich weder Zucker noch Transfettsäuren enthalten. Falls Sie aber nicht in Eile sind, empfehle ich Ihnen, die Currypaste selbst zu machen. Sie können gleich die doppelte oder dreifache Menge zubereiten und die Paste in Eiswürfelbehältern tiefkühlen. So haben Sie sie für dieses Gericht stets zur Hand. Zum Hähnchencurry passen Blumenkohl-Reis (s. S. 61) und eine große Schüssel mit asiatischem Blattgemüse oder Gurkensalat, damit der Nährstoffbedarf gedeckt ist.

ROBB WOLFS SCHNELLES HÄHNCHENCURRY

FÜR 4 PERSONEN

2 EL Kokosöl

1 Zwiebel, gewürfelt

600 g Hähnchenbrust-filet, in 2–3 cm große Würfel geschnitten

5 EL gelbe Currypaste (s. S. 205)

16 Okraschoten

1–2 rote Chilischoten, entkernt und in Ringe geschnitten

4 EL Cashewkerne, einge-weicht (s. S. 209)

400 ml Kokossahne

2 EL Fischsauce, plus mehr nach Geschmack

2 Handvoll junger Blattspinat

1 Handvoll Koriandergrün

Zum Servieren

Limettenspalten

Blumenkohl-Reis (s. S. 61) oder Kelp-Nudeln

Einen Wok bei mittlerer Hitze heiß werden lassen. Das Kokosöl hineingeben, zerlassen und durch Schwenken verteilen. Die Zwiebel darin unter Rüh-ren in 3–4 Minuten glasig anschwitzen. Die Filetwürfel zugeben und bei starker Hitze 2–3 Minuten pfannenrühren, bis sie leicht gebräunt sind. Die Currypaste zufügen und 1 Minute mitbraten, bis sie duftet. Nacheinander Okraschoten, Chilis, Cashewkerne und zuletzt die Kokossahne unterrühren. Alles etwa 5 Minuten köcheln lassen, bis die Sauce cremig wird.

Das Curry mit Fischsauce nach Geschmack würzen. Dann vom Herd neh-men und den Spinat und das Koriandergrün unterheben.

Das Hähnchencurry in einer Schüssel anrichten. Sofort mit Limettenspalten und Blumenkohl-Reis oder Kelp-Nudeln servieren.

Eines Tages werde ich eine Brathähnchen-Bibel schreiben und darin die vielen verschiedenen Möglichkeiten vorstellen, ein Hähnchen zu braten. Das will ich nicht nur, weil ich jede einzelne Variante kosten werde, sondern auch, weil ein Brathähnchen ein echtes Wohlfühlessen ist und Erinnerungen wachruft. Diese Hähnchenkeulen sind die schlichte, aber aromatische Variante eines Gerichts, das meine italienische Freundin Marina mehrmals für mich gekocht hat. Es schmeckt besonders gut, wenn die Zitronen in der Pfanne leicht verbrennen und ihr Saft sich mit Hähnchenfett, Knoblauch, Chili und Rosmarin zu einer köstlichen Sauce vereint. *Bellissimo*!

HÄHNCHENKEULEN
MIT KNOBLAUCH, ZITRONEN & KRÄUTERN
FÜR 4–6 PERSONEN

80 g Entenschmalz, Kokosöl oder Ghee, zerlassen

2 EL Bio-Honig (nach Belieben)

1 EL getrocknete italienische Kräuter

1 TL Paprikapulver

1 TL Zwiebelpulver

¼ TL Chiliflocken

Salz und schwarzer Pfeffer

6 Hähnchenkeulen, entbeint

3 Bio-Zitronen, halbiert oder geviertelt

4 Schalotten, halbiert

2 Knoblauchknollen, halbiert

3 Zweige Rosmarin, Nadeln abgezupft und gehackt

1 TL getrockneter Oregano

frische Kräuter (z. B. Rosmarin, Thymian und/oder Petersilie) zum Servieren

Flüssiges Schmalz, nach Belieben Honig, italienische Kräuter, Paprika- und Zwiebelpulver, Chiliflocken, etwas Meersalz und frisch geschroteten Pfeffer in eine kleine Schüssel geben. Mit einem Schneebesen zu einer Marinade verquirlen.

Die Hähnchenkeulen mit der Hautseite nach oben in eine ofenfeste Form (23×33 cm) legen. Mit der Marinade beträufeln und wenden, bis sie vollständig damit überzogen sind. Zitronenstücke, Schalotten und Knoblauch zwischen und unter die Keulen legen. Das Fleisch mit Rosmarin und Oregano bestreuen und abgedeckt über Nacht im Kühlschrank marinieren lassen.

Den Backofen auf 200 °C vorheizen, die Hähnchenkeulen mit Salz und Pfeffer würzen. Dann im heißen Ofen offen etwa 30 Minuten braten, bis die Haut knusprig und das Fleisch gar ist. Zur Probe mit einem spitzen Messer ins Fleisch stechen. Tritt klarer Saft aus, sind die Keulen durchgegart. Die Hähnchenkeulen mit frischen Kräutern bestreuen und in der Form servieren.

FLEISCH

Wie war ich früher ich immer glücklich, wenn ich vom Surfen hungrig nach Hause kam und meine Mutter gerade Hamburger machte! Daran hat sich bis heute nichts geändert: Ich surfe immer noch stundenlang und freue mich danach auf einen saftigen, hausgemachten Burger. Diese Hamburger sind fast wie die meiner Mutter, nur die Brötchen habe ich gegen Pilze getauscht. Für Kinder sind die Pilze vielleicht nicht so der Hit. Wenn Ihre Kids sie also nicht essen wollen, lassen Sie die Pilze einfach weg und servieren die Burger ohne. So schmecken sie ihnen genauso lecker, vielleicht sogar besser. Wenn es unbedingt Brot sein muss, probieren Sie das Brot mit Samen & Nüssen (s. S. 22).

MUTTERS HAMBURGER
FÜR 4 PERSONEN

8 Riesenchampignons (Portobellos), die Stiele entfernt

80 g Kokosöl, Enten- oder Schweineschmalz, Rindertalg oder Ghee, zerlassen

Meersalz und schwarzer Pfeffer

Für die Frikadellen
600 g Rinderhackfleisch

½ Zwiebel, fein gewürfelt

5 Eier

1 EL fermentierter Senf (s. S. 206)

2 Knoblauchzehen, zerdrückt

1 EL gehackte glatte Petersilie

je 1 Prise Chiliflocken und getrockneter Oregano

1 Zwiebel, in Ringe geschnitten

4 Scheiben Frühstücksspeck (Bacon, nach Belieben)

Für den Belag
8 Kopfsalatblätter

8 Tomatenscheiben

1 Möhre, geschält und geraspelt

1 Rote Bete, geschält und in dünne Stifte geschnitten

4 Salzgurken, in Scheiben geschnitten

4 EL Chipotle-Aioli (s. S. 203)

2 EL fermentierter Ketchup (s. S. 206) oder selbst gemachter Ketchup

2 EL fermentierter Senf (s. S. 206) oder Ihr Lieblingssenf

Den Backofen auf 240 °C vorheizen. Ein Backblech mit Backpapier belegen und die Pilzhüte mit den Lamellen nach unten darauflegen. Mit 3 EL zerlassenem Kokosöl beträufeln und mit Meersalz und frisch geschrotetem Pfeffer würzen. Die Pilzhüte im heißen Ofen 10–15 Minuten garen, bis sie weich sind. Auf Küchenpapier abtropfen und abkühlen lassen.

Für die Frikadellen Hackfleisch, Zwiebelwürfel, 1 Ei, Senf, Knoblauch, Petersilie, Chiliflocken, Oregano, 1 TL Meersalz und 1 TL frisch geschroteten Pfeffer in einer großen Schüssel verkneten. Aus der Fleischmasse vier Frikadellen (1,5 cm dick und etwa 8 cm ⌀) formen.

Eine Grillplatte auf dem Gartengrill bei mittlerer Hitze heiß werden lassen. 2 EL Kokosöl daraufgeben und die Zwiebelringe darin unter gelegentlichem Rühren etwa 10 Minuten braten. Die Frikadellen und nach Belieben den Speck dazulegen und in etwa 5 Minuten goldbraun braten. Dann wenden und einige Minuten weiterbraten, bis die Frikadellen durchgegart und die Zwiebelringe weich und karamellisiert sind. Alles vom Grill nehmen und warm stellen.

Für den Belag Salatblätter, Tomatenscheiben, Möhrenraspel, Rote-Bete-Stifte, Gurken, Aioli, Ketchup und Senf getrennt in Schüsseln füllen.

Das restliche Kokosöl auf der Grillplatte erhitzen, die restlichen Eier nebeneinander daraufschlagen und braten. Die Spiegeleier mit Meersalz und Pfeffer würzen.

Zum Servieren Pilzhüte, Frikadellen, Zwiebelringe, Spiegeleier und die Schüsseln mit den Zutaten für den Belag auf den Tisch stellen. Die Hamburger bei Tisch schichten.

Dieses orientalisch angehauchte Gericht ist köstlich und nahrhaft – und ein Lieblingsgericht meiner Töchter. Sie formen mit Begeisterung die Klößchen und sind dabei inzwischen schneller und geschickter als ich. Wir machen immer ganz viele Klößchen, damit die Mädels welche in die Schule mitnehmen können oder wir in den kommenden Tagen stets einen Snack zur Hand haben. Granatapfelkerne und Kürbis machen aus diesem schlichten Gericht etwas Besonderes. Es schmeckt warm oder kalt einfach himmlisch.

LAMMKLÖSSCHEN
MIT GERÖSTETEM KÜRBIS, GRANATAPFEL & TAHIN-SAUCE

FÜR 4 PERSONEN

Für den Kürbis

½ Hokkaido-Kürbis, Samen entfernt und in 2–3 cm breite Spalten geschnitten

2 EL Kokosöl, zerlassen

Meersalz und schwarzer Pfeffer

2 Prisen gemahlener Kreuzkümmel

Für die Lammklößchen

400 g mageres Lammhackfleisch

1 Knoblauchzehe, zerdrückt

1 Tomate, entkernt und fein gewürfelt

1½ EL Türkische Würzmischung (s. S. 206)

1 EL Granatapfelsirup, plus mehr zum Beträufeln

2 EL Kokosöl

Für die Tahin-Sauce

120 g Vollkorn-Tahin (Sesampaste)

1 EL frisch gepresster Zitronensaft

1 TL gemahlener Sumach

½ TL gemahlener Kreuzkümmel

1 kleine Handvoll Minzeblätter, gehackt

Zum Servieren

natives Olivenöl extra

2 Prisen gemahlener Sumach

geröstete Kürbiskerne, eingeweicht (s. S. 209)

1 Granatapfel, Kerne ausgelöst

2 Handvoll Minzeblätter, in Stücke gezupft

Zitronenspalten

Den Backofen auf 200 °C vorheizen. Die Kürbisspalten auf einem Backblech mit dem Kokosöl mischen. Dann flach nebeneinanderlegen und mit Meersalz, frisch geschrotetem Pfeffer und Kreuzkümmel würzen. Im heißen Ofen in 20–25 Minuten weich rösten.

Inzwischen für die Lammklößchen Hackfleisch, Knoblauch, Tomate, Würzmischung, Granatapfelsirup, Salz und Pfeffer in einer Schüssel verkneten. Aus der Fleischmasse walnussgroße Klößchen formen. Ein Backblech mit 1 EL Kokosöl fetten, das restliche Kokosöl in einer großen Pfanne bei mittlerer Hitze heiß werden lassen. Die Klößchen darin 2–3 Minuten braten, bis sie gebräunt sind. Herausnehmen, nebeneinander auf das Backblech legen und im heißen Ofen etwa 5 Minuten braten, bis sie durchgegart sind.

Für die Sauce Tahin, Zitronensaft, Sumach, Kreuzkümmel, Minze und 4 EL Wasser in einer Schüssel glatt verrühren.

Die gerösteten Kürbisspalten auf einer Platte anrichten. Mit etwas Olivenöl beträufeln und mit Salz, Pfeffer, Sumach, Kürbiskernen, Granatapfelkernen und Minze bestreuen sowie mit etwas Tahin-Sauce überziehen. Die Fleischklößchen in einer Schüssel mit etwas Granatapfelsirup beträufeln. Mit der restlichen Sauce und den Zitronenspalten servieren.

Bei der Zubereitung von rohem Fleisch sind Sauberkeit und Schnelligkeit oberstes Gebot. Damit es kalt bleibt, mischt man die Zutaten in einer gekühlten Edelstahlschüssel, die in einem Eiswasserbad steht. Sie können auch einige Eiswürfel in die Fleischmasse geben. Meine Partnerin Nic und ich essen in den Sommermonaten in der Regel zweimal pro Woche diese rohe Eiweißmahlzeit – sie ist in 15 Minuten fertig. Die Zutaten variieren wir ständig: Manchmal verwenden wir Mayonnaise, dann wieder nur Olivenöl und Zitronensaft oder Essig zum Anmachen. Fürs Aroma sorgen weißer oder grüner Meerrettich, Harissa, *chermoula*, Jerk-Gewürz oder Kokossahne. Wir mögen dieses Tatar sehr, weil es im Nu zubereitet ist und sich beliebig abwandeln lässt.

RINDFLEISCHTATAR
FÜR 4 PERSONEN

1 EL fermentierter Senf (s. S. 206)

3 Sardellenfilets in Salz, abgespült, trocken getupft und fein gehackt

2 EL fermentierter Ketchup (s. S. 206)

Tabasco

schwarzer Pfeffer

3 EL natives Olivenöl extra

45 g Kapern (aus dem Glas), abgespült

4 EL feine Rote-Zwiebel-Würfel

8 Cornichons, fein gehackt, plus mehr zum Servieren

1 kleine Handvoll glatte Petersilienblätter, fein gehackt

Saft von 1 Zitrone

Meersalz

400 g Rinderfilet, sehr fein gehackt

4 Eigelb

Grünkräuter (Microgreens) zum Garnieren

Leinsamen-Cracker (s. S. 207) zum Servieren

Außerdem

Metallring (7 cm Ø)

Senf und Sardellen in einer großen Edelstahlschüssel verrühren. Ketchup, etwas Tabasco und frisch geschroteten Pfeffer untermischen. Dann das Olivenöl langsam mit einem Schneebesen unter die Senfmischung schlagen. Kapern, Zwiebel, Cornichons, Petersilie, Zitronensaft und etwas Meersalz unterheben. Das Hackfleisch zugeben und alles mit einem Löffel oder mit den Händen vermischen.

Das Tatar mit dem Metallring als Kreis auf vier Tellern anrichten. Mit einem Löffel jeweils eine Mulde in die Oberfläche drücken und je 1 Eigelb hineinsetzen. Die Eigelbe mit Grünkräutern bestreuen und mit Meersalz und Pfeffer würzen. Mit Crackern und Cornichons servieren.

Ich esse nur selten Schweinefleisch. Nicht, dass ich es nicht mag, ganz im Gegenteil: Ich habe eine Schwäche dafür, deshalb begrenze ich die Menge lieber, sonst würde es täglich auf meinem Teller landen. Am liebsten koche ich Schulterbraten mit Rosmarin und Meersalz, in Asia-Brühe geschmorten Schweinebauch, eine Terrine aus dem Kopf oder gefüllte Schweinsfüße (zeitaufwendig, aber lecker). Natürlich kann ich auch Schweinsbratwurst mit Fenchel, Blutwurst oder Chorizo nicht widerstehen. Schweinefleisch schmeckt großartig, und wird es wie folgt zubereitet, ist es unschlagbar. Kaufen Sie nur Fleisch von Bio-Schweinen aus Weidehaltung, die sich natürlich ernähren konnten.

SCHWEINEKOTELETTS
MIT WIRSINGSALAT & ROMESCO-SAUCE
FÜR 4 PERSONEN

Für den Wirsingsalat
125 ml natives Olivenöl extra

100 ml Chardonnay-Essig

¼ Wirsing

200 g Rosenkohl

150 g Mandeln, eingeweicht (s. S. 209), geröstet und gehackt

1 Handvoll glatte Petersilienblätter, fein gehackt

1 Handvoll Minzeblätter, fein gehackt

Meersalz und schwarzer Pfeffer

Für die Koteletts
4 Schweinekoteletts (à etwa 300 g, je 2 cm dick)

2 EL Kokosöl, Ghee oder Entenschmalz, zerlassen

120 ml Romesco-Sauce (s. S. 204)

Für den Wirsingsalat Olivenöl und Essig in einer Schüssel zu einer Vinaigrette verquirlen. Vom Wirsing die äußeren Blätter entfernen. Den restlichen Wirsing mit den Rosenkohlröschen in sehr feine Streifen schneiden oder hobeln. Dabei die dicken Blattrippen der Wirsingblätter entfernen.

Wirsing- und Rosenkohlstreifen, Mandeln, Petersilie und Minze in eine große Schüssel geben. Mit der Hälfte der Vinaigrette beträufeln und mit Meersalz und frisch geschrotetem Pfeffer würzen. Alles behutsam mischen und den Salat 10 Minuten durchziehen lassen.

Inzwischen für die Koteletts das Fleisch mit Kokosöl bestreichen und mit Meersalz und Pfeffer würzen. Eine Pfanne bei mittlerer bis starker Hitze heiß werden lassen. Die Koteletts darin von jeder Seite 4 Minuten braten, bis sie durchgegart sind. Vom Herd nehmen und 2 Minuten ruhen lassen.

Die Romesco-Sauce auf vier Tellern verstreichen und jeweils 1 Kotelett und etwas Salat darauf anrichten. Sofort servieren.

Diese Fleischklößchen sind bei uns zu Hause der Hit. Die Kinder wünschen sie sich oft, weil sie so viel Aroma haben – und sie helfen auch beim Formen gerne mit. Wir machen immer ein paar Klößchen mehr, damit die Kids sie am nächsten Tag als Pausenbrot in die Schule mitnehmen können. Zu den Klößchen gibt es traditionell eine Sauerrahmsauce (in Mexiko heißt sie *crema*). Aber da ich in meiner Paleoküche keine Milchprodukte verwende, bereite ich die Sauce aus Cashewkernen oder Macadamianüssen zu. Und achten Sie darauf, dass dieses Gericht für Kinder nicht zu scharf ausfällt!

MEXIKANISCHE FLEISCHKLÖSSCHEN IN CHILISAUCE

FÜR 4 PERSONEN

Für die Fleischklößchen
700 g gemischtes Hackfleisch

1 Ei

2 EL getrockneter Oregano

2 TL gemahlener Kreuzkümmel

4 Knoblauchzehen, zerdrückt

1 EL gehackte glatte Petersilie

Meersalz und schwarzer Pfeffer

2 EL Kokosöl, Ghee oder Entenschmalz

Für die Chilisauce
200 g geschälte Tomaten (Dose)

1 Zwiebel, gewürfelt

2 Dosen Chipotle in Adobo (à 200 g, geräucherte Jalapeño-Chilis in Tomatensauce, aus dem Internet, s. S. 212)

1 TL Tomatenmark

2 EL Bio-Honig (nach Belieben)

1 EL natives Olivenöl extra

250 ml Hühnerbrühe (s. S. 202)

Für die Cashew-Sahne
200 g Cashewkerne oder Macadamianusskerne

Saft von 1 Zitrone

Saft von 1 Limette

Zum Servieren
abgezupftes Koriandergrün

Limettenspalten

Für die Fleischklößchen Hackfleisch, Ei, Oregano, Kreuzkümmel, Knoblauch, Petersilie, 2 TL Meersalz und ¼ TL frisch geschroteten Pfeffer in einer großen Schüssel verkneten. Von der Fleischmasse dann jeweils 1 EL Teig abnehmen und zwischen den Handflächen zu Bällchen (etwa 3 cm Ø) rollen.

Das Kokosöl in einem großen Topf bei mittlerer bis starker Hitze heiß werden lassen. Die Fleischklößchen darin portionsweise in je 1–2 Minuten rundum goldbraun braten (sie müssen nicht durchgegart sein). Herausnehmen und auf einem Teller beiseitestellen.

Für die Chilisauce die Tomaten mit Zwiebel, Chipotles, 1 EL Adobo-Sauce, Tomatenmark, nach Belieben Honig und Olivenöl im Mixer cremig pürieren. Die Mischung in den Brattopf gießen, aufkochen und 10 Minuten köcheln lassen. Die Hühnerbrühe dazugießen, die Sauce wieder aufkochen, die Fleischklößchen hineinlegen und 10 Minuten in der Sauce garen.

Für die Cashew-Sahne die Cashewkerne mit Zitronen- und Limettensaft und 200 ml Wasser im Mixer glatt pürieren. Die Creme mit Salz abschmecken.

Die Fleischklößchen mit der Chilisauce in einer Servierschüssel anrichten. Mit Koriandergrün bestreuen und mit Limettenspalten und der Cashew-Sahne servieren.

An diesem Gericht ist eigentlich nicht viel dran: ein Tomaten-Kräuter-Salat und dazu ein feines Stück von einem Bio-Rind aus Weidehaltung. Doch es ist in Minutenschnelle fertig und schmeckt zum Frühstück, Mittag- oder Abendessen bis zum letzten Bissen sehr köstlich. Mit einer großen Schüssel grünem Gemüse wird daraus eine komplette Mahlzeit. Oder Sie schneiden das Fruchtfleisch von ein paar Avocados klein und mischen es unter den Tomatensalat. Die Avocados steuern nämlich gesunde Fette bei und machen länger satt.

GEGRILLTE SIRLOIN-STEAKS
MIT TOMATEN-KRÄUTER-SALAT

FÜR 4 PERSONEN

Für den Salat

125 ml natives Olivenöl extra

80 ml naturtrüber Apfelessig oder Sherry-Essig

700 g Tomaten (verschiedene Sorten und Farben), in schmale Spalten geschnitten

120 g marinierte Oliven (s. S. 208)

2 EL Kapern (aus dem Glas), abgespült

1 Bund Schnittlauch, in Röllchen geschnitten

Meersalz und schwarzer Pfeffer

1 Bund Basilikum, die Blätter abgezupft

Für die Steaks

4 Sirloin- oder Filetsteaks vom Rind (à 150 g)

2 EL Kokosöl, zerlassen

Zum Servieren

einige Handvoll Rucola

natives Olivenöl extra

1 Spritzer Zitronensaft

Zitronenspalten

1 TL gebratener Knoblauch, zerdrückt (s. S. 207)

Für den Salat das Olivenöl mit dem Essig in einer großen Schüssel verquirlen. Tomaten, Oliven, Kapern, Schnittlauch, Meersalz und frisch geschroteten Pfeffer zur Vinaigrette geben und alles behutsam mischen. Den Salat 5–10 Minuten durchziehen lassen, dann die Basilikumblätter unterheben.

Für die Steaks das Fleisch rundum mit Kokosöl einreiben und mit Meersalz und Pfeffer würzen. Den Gartengrill auf starke Hitze anfeuern. Die Steaks auf den Rost legen und von jeder Seite 2 Minuten oder je nach gewünschtem Gargrad etwas kürzer oder länger grillen. Vom Grill nehmen und 3 Minuten ruhen lassen.

Kurz vor dem Servieren den Rucola in einer Schüssel mit etwas Olivenöl und dem Zitronensaft mischen. Die Steaks auf vier Teller legen und den Tomatensalat darauf anrichten. Mit dem gebratenen Knoblauch bestreuen und mit etwas Pfeffer übermahlen. Mit dem Rucola und Zitronenspalten servieren.

Hirsch- und Rehfleisch schmecken intensiver als Rindfleisch, aber mindestens genauso fein. Ich koche gerne damit. Wie mageres Rindfleisch darf auch Wildfleisch nicht übergart werden, sonst wird es trocken. Ich mag Wildfleisch auch roh und die weniger wertvollen Stücke schmore ich einfach. Für diese Spieße können Sie Herz, Leber, Fleisch oder auch Hackfleisch verwenden. Die Chimichurri-Sauce passt zu fast jedem Fleisch. Ich bereite sie hier mit Roter Bete zu, denn die rote Knolle passt gut zu Wild und gibt dem Gericht Farbe.

WILDSPIESSE
MIT ROTE-BETE-CHIMICHURRI
FÜR 4 PERSONEN

Für das Chimichurri

1 große Rote Bete, geschält und geraspelt

250 ml natives Olivenöl extra, plus mehr bei Bedarf

60 g glatte Petersilienblätter

½ rote Zwiebel, gewürfelt

2 Knoblauchzehen, zerdrückt

4 EL gehackter Oregano

4 EL naturtrüber Apfelessig oder Rotweinessig

½ TL Chiliflocken

Meersalz und schwarzer Pfeffer

Für die Spieße

800 g Hirsch- oder Rehfleisch, in 3 cm große Würfel geschnitten

100 g Ghee, Schweineschmalz oder Kokosöl, zerlassen

1 EL abgeriebene Schale von 1 Bio-Zitrone

3 EL frisch gepresster Zitronensaft

4 EL gehackter Oregano

2 Knoblauchzehen, zerdrückt

1½ TL gemahlener Kreuzkümmel

½ TL gemahlene Fenchelsamen

½ TL gemahlener Koriander

Für den Salat

4 EL natives Olivenöl extra

1 EL Balsamico-Essig

1 große Rote Bete, geschält und in dünne Stifte geschnitten

1 Handvoll sehr kleine Blutampfer- oder Rote-Bete-Blätter

Außerdem

8 Metallspieße

1 Stück Meerrettichstange zum Servieren

Für das Chimichurri die Rote Bete mit Öl, Petersilie, Zwiebel, Knoblauch, Oregano, Essig und Chiliflocken im Mixer in Intervallen fein zerkleinern. Falls der Mix sehr dick ist, noch etwas Öl untermixen. Die Sauce mit Meersalz und frisch geschrotetem Pfeffer abschmecken.

Auf jeden Spieß 5–6 Fleischwürfel stecken und die Spieße in eine hohe Schale legen. Ghee, Zitronenschale, 2 EL Zitronensaft, Oregano, Knoblauch, Kreuzkümmel, Fenchel und Koriander verquirlen. Die Marinade über die Spieße gießen und diese darin wenden. Die Spieße mit Frischhaltefolie abdecken und 1 Stunde im Kühlschrank durchziehen lassen.

Eine Grillpfanne bei starker Hitze heiß werden lassen. Die Spieße hineinlegen und von jeder Seite 2–3 Minuten braten, sodass das Fleisch innen noch rosa ist. Die Spieße mit Salz und Pfeffer würzen und mit dem restlichen Zitronensaft beträufeln. Vom Herd nehmen und 2 Minuten ruhen lassen, dabei warm halten.

Inzwischen für den Salat Öl und Essig in einer Schüssel verquirlen. Rote Bete und Blutampfer-Blätter unter die Vinaigrette heben und den Salat mit Salz und Pfeffer abschmecken.

Die Spieße auf einer Platte anrichten und den Meerrettich darüberreiben. Sofort mit dem Chimichurri und dem Salat servieren.

Michelle Tam, die Begründerin der Website nomnompaleo.com, ist ein groß-
zügiger und liebenswürdiger Mensch. Sie weiß, wie man Anfänger vergnüglich
und informativ an die Paleoküche heranführt. In Michelles Postings und in ihrem
Buch »Nom Nom Paleo« stellt sie auch ihre Familie vor. Außerdem gibt es hier
bebilderte Schritt-für-Schritt-Anleitungen von ihren Gerichten sowie klasse
Tipps. Michelle war so freundlich, mir das Rezept für diese Tacos zu überlassen,
die ich besonders gerne esse. Tun Sie es Michelle und ihrer Familie gleich und
kochen Sie mit Lust und Liebe.

SURF & TURF-TACOS VON »NOMNOMPALEO«
FÜR 4 PERSONEN

Für die Guacamole
1 große Avocado

Saft von 1 Limette

1–2 EL fein gewürfelte rote
Zwiebel

1 EL gehacktes Koriandergrün

2 EL natives Olivenöl extra

Meersalz und schwarzer Pfeffer

2–3 Prisen Aleppo-Pfeffer
(syrische Chiliflocken, nach
Belieben)

Für Hackfleisch und Garnelen
2 EL Ghee, Kokos- oder
Macadamiaöl

500 g Rinderhackfleisch

2 Prisen Chilipulver

12 rohe, mittelgroße Garnelen,
bis auf den Schwanzfächer
geschält und Darmfaden
entfernt

2 Prisen *Tabil* (Tunesische
Würzmischung, s. S. 206)

Zum Servieren
1 Romanasalatherz, in Blätter
zerteilt

1 Möhre, geschält und in feine
Stifte geschnitten

12 Kirschtomaten, halbiert

¼ Bund Koriandergrün,
gehackt

Für die Guacamole die Avocado halbieren, den Stein entfernen und das
Fruchtfleisch mit einem Löffel aus der Schale heben. In eine Schüssel geben
und das Fruchtfleisch mit einer Gabel zerdrücken. Limettensaft, Zwiebelwürfel, Koriandergrün und Olivenöl untermischen und die Guacamole mit
Meersalz und frisch geschrotetem Pfeffer abschmecken. Nach Belieben
noch mit Aleppo-Pfeffer bestreuen.

Für das Hackfleisch in einer Pfanne 1 EL Ghee bei mittlerer Hitze heiß werden lassen. Das Hackfleisch darin unter Rühren in 8–10 Minuten krümelig
braun braten. Mit Chilipulver, Meersalz und Pfeffer würzen.

Das restliche Ghee in einer zweiten Pfanne bei mittlerer Temperatur zerlassen. Die Garnelen darin von jeder Seite etwa 1 Minute braten, bis sie
durchgegart sind. Mit Tabil, Meersalz und Pfeffer würzen.

Die Salatblätter auf eine Platte geben oder auf vier Teller verteilen und Hackfleisch, Guacamole und Garnelen darauf anrichten. Die Tacos mit Möhren,
Tomaten und Koriandergrün garnieren und servieren.

Ehrlich gesagt bin ich kein großer Freund von Steaks. Ich bevorzuge rohes Fleisch (z. B. Rindfleischtatar S. 143), Schmorgerichte, Currys und Innereien – die viel interessanter schmecken. Ein klassisches Steak wird aus dem magersten Teil des Tieres geschnitten – und gerade dieses Stück ist am wenigsten aromatisch, aber am schwierigsten zu kauen und zu schlucken. Doch es empfiehlt sich, in der Paleoküche mit vertrauten Gerichten zu beginnen, zum Beispiel mit diesem: ein gut gewürztes Sirloin-, Porterhouse- oder Rumpsteak, nach Geschmack mehr oder weniger durchgebraten und mit frischem Meerrettich, gebratenen Pilzen und einem schlichten Rucolasalat angerichtet. Wenn ich mal ein Steak esse, dann bereite ich es am liebsten so zu.

GEGRILLTE SIRLOIN-STEAKS
MIT PILZEN, MEERRETTICH & RUCOLA

FÜR 4 PERSONEN

4 Sirloin-Steaks (à 200 g)

2 EL Ghee, Kokosöl oder Entenschmalz, zerlassen

Meersalz und schwarzer Pfeffer

150 g Champignons, in Scheiben geschnitten

100 g Austernpilze, in Scheiben geschnitten

2 Knoblauchzehen, zerdrückt

3 Zweige Thymian, Blätter abgezupft und gehackt

1 EL gehackte glatte Petersilie

2 Zitronen, in Spalten geschnitten

1 EL frisch geriebener Meerrettich

2 Handvoll Rucola

3 EL natives Olivenöl extra oder Macadamiaöl

1 Spritzer Zitronensaft

Eine Grillpfanne bei starker Hitze heiß werden lassen oder den Holzkohlengrill auf starke Hitze anfeuern. Die Steaks mit etwas Ghee bestreichen und mit Meersalz und frisch geschrotetem Pfeffer würzen. Die Steaks in der Pfanne oder auf dem Grill 4 Minuten braten. Dann wenden und von der zweiten Seite ebenfalls 4 Minuten braten, bis sie braun und halb durch (medium-rare) sind. Aus der Pfanne oder vom Grill nehmen, auf einem Teller mit Alufolie abdecken und 4–6 Minuten ruhen lassen. Dabei warm stellen.

Inzwischen das restliche Ghee in einer Pfanne erhitzen und die Pilze mit Knoblauch und Thymian darin unter Rühren in 2–4 Minuten weich braten. Mit Meersalz und Pfeffer würzen und die Petersilie unterheben. Die Pfanne vom Herd nehmen und abdecken, damit die Pilze warm bleiben.

Die Steaks nach der Ruhezeit von jeder Seite noch 1 Minute braten oder grillen. Mit den Pilzen und den Zitronenspalten auf vier Teller verteilen und mit dem Meerrettich bestreuen.

Den Rucola mit Olivenöl, Zitronensaft, Meersalz und Pfeffer anmachen. Neben den Steaks anrichten und sofort servieren.

Piri-Piri- (oder Peri-Peri-)Sauce ist eine scharf-aromatische Spezialität aus Portugal. Dort bereitet man ganz spektakulär Hähnchen damit zu. Ich suche ständig nach Möglichkeiten, preiswerteres Fleisch, wie etwa Hackfleisch, in aromatische Gaumenkitzler zu verwandeln. Oft verwende ich dafür Saucen und Marinaden, die ich auf meinen Reisen gekostet habe. Kaufen Sie das Hackfleisch beim Metzger Ihres Vertrauens und lassen sie es frisch durch den Wolf drehen. Natürlich sollten die Schweine aus Bio-Haltung kommen. Und bereiten Sie ruhig etwas mehr Sauce zu: Einmal probiert, werden Sie sie zu allem essen wollen.

PORTUGIESISCHE SCHWEINEFLEISCH-FRIKADELLEN
MIT PIRI-PIRI-SAUCE
FÜR 6 PERSONEN

Für die Piri-Piri-Sauce

1 EL Kokosöl

2 EL edelsüßes Paprikapulver

1 EL gemahlener Kreuzkümmel

1 EL gemahlener Koriander

1 rote Paprikaschote, entkernt und gehackt

½ Zwiebel, gewürfelt

2 frische rote Chilischoten, entkernt

1 TL frisch geriebener Ingwer

Saft von 1 Zitrone

150 ml natives Olivenöl extra

Meersalz und schwarzer Pfeffer

Für die Frikadellen

800 g grobes Schweinehackfleisch (am besten aus der Schulter)

1 Ei

3 Knoblauchzehen, zerdrückt

1 TL Cayennepfeffer

1 TL getrockneter Oregano

1 Zitrone, halbiert

1 Romanasalatherz, in Blätter zerteilt

120 g Aioli (s. S. 203)

rosenscharfes Paprikapulver zum Bestreuen (nach Belieben)

Für die Sauce eine Pfanne bei mittlerer Hitze heiß werden lassen. Das Kokosöl mit Paprikapulver, Kreuzkümmel und Koriander darin 1 Minute erhitzen. Paprikastücke, Zwiebel, Chilis und Ingwer zugeben und 3 Minuten anschwitzen. Den Zitronensaft einrühren. Die Würzmischung in den Mixer füllen und glatt pürieren. Dann bei laufendem Mixer das Öl in dünnem Strahl dazugießen und vollständig untermischen. Die Sauce mit Meersalz und frisch geschrotetem Pfeffer abschmecken.

Für die Frikadellen das Hackfleisch mit Ei, Knoblauch, Cayennepfeffer, Oregano, 1 EL Salz und 1½ TL schwarzem Pfeffer verkneten. Aus der Fleischmasse 12 Kugeln formen und zu 2–3 cm dicken Frikadellen flach drücken.

Eine Grillpfanne bei mittlerer Hitze heiß werden lassen oder den Gartengrill auf mittlere Hitze anfeuern. Die Frikadellen von jeder Seite 3–4 Minuten braten, bis sie durchgegart sind. Die Zitronenhälften 1 Minute mitrösten.

Die Frikadellen auf den Salatblättern anrichten. Jeweils einen Klecks Piri-Piri-Sauce und Aioli und 1 Spritzer Saft aus den gerösteten Zitronenhälften daraufgeben. Nach Belieben mit scharfem Paprikapulver bestreut servieren.

Den meisten Leuten ist bewusst, dass wir geschlachtete Tiere vollständig verwerten sollten. Für mich ist es stets eine Herausforderung, die weniger wertvollen Teile so zuzubereiten, dass sie besser schmecken als die Filetstücke. Wenn das gelingt, sparen Sie eine Menge Geld beim Einkaufen. Außerdem wird Ihr Körper es Ihnen danken, dass Sie ihm die Nährstoffe geben, die er braucht. Diese Spieße schmecken mit ein paar besonderen Gewürzen gleich viel interessanter. Harissa, eine scharfe Gewürzpaste aus Nordafrika, gehört ohnehin zu meinen Lieblingen. Sie ist eine Bereicherung für jedes Fleisch- und Gemüsegericht.

LAMMLEBERSPIESSE
MIT SUMACH-PETERSILIEN-SALAT

FÜR 4 PERSONEN

800 g Lamm- oder Kalbsleber

2 EL Harissa (s. S. 205)

1½ EL gemahlener Sumach

1 ½ EL gemahlener Kreuzkümmel

½ TL edelsüßes Paprikapulver

6 EL Ghee oder Kokosöl, zerlassen

Meersalz und schwarzer Pfeffer

Für den Salat

1 Romanasalatherz, in mundgerechte Stücke gezupft

1 Fenchelknolle, in Streifen gehobelt

30 g glatte Petersilienblätter

Für das Dressing

Saft von ½ Zitrone

3 EL natives Olivenöl extra

1 TL gemahlener Sumach

Außerdem

8 Metallspieße

4 Zitronenhälften zum Servieren

Mit den Fingern die dünnen Häutchen von der Leber entfernen und verbliebene kleine Adern mit einem kleinen, scharfen Messer herausschneiden. Die Leber danach in 2 cm große Würfel schneiden.

Harissa, Sumach, Kreuzkümmel, Paprikapulver und Ghee in einer Schüssel zu einer Marinade verrühren. Die Leberwürfel darin wenden, bis sie vollständig mit Marinade überzogen sind. Die Würfel 30 Minuten ziehen lassen.

Für den Salat die Salatblätter mit Fenchel und Petersilie in einer großen Schüssel mischen. Für das Dressing Zitronensaft, Olivenöl, Sumach und 1 Prise Meersalz verquirlen.

Eine Grillpfanne bei starker Hitze heiß werden lassen oder den Gartengrill auf starke Hitze anfeuern. Auf jeden Metallspieß 4 Leberwürfel stecken. Die Spieße dann von jeder Seite 20–30 Sekunden braten oder grillen. Mit Meersalz und frisch geschrotetem Pfeffer würzen und aus der Pfanne oder vom Grillrost nehmen.

Den Salat mit dem Dressing vermischen und auf vier Tellern anrichten. Je 2 Spieße und 1 Zitronenhälfte dazulegen und servieren. Die Spieße bei Tisch großzügig mit Zitronensaft beträufeln.

Die Leber gehört zu meinen Lieblingsstücken vom Rind. Sie besitzt eine hohe Nährstoffdichte, wird aber als Zutat häufig missachtet. Viele Leute denken, Leber sei schwer und vom Geschmack her uninteressant. Mit Rücksicht darauf habe ich versucht, dieses Gericht mit einer spritzigen Vinaigrette leicht und frisch zu gestalten. Die Vinaigrette enthält reichlich Essig und bringt so die Säure ins Spiel, die man als Ausgleich für die kräftige Leber benötigt. Eine feine Ergänzung ist der Friséesalat mit frischen Feigen.

GEBRATENE RINDERLEBER
MIT FEIGENSALAT & VINAIGRETTE
FÜR 4 PERSONEN

Für die Vinaigrette
Ghee oder Kokosöl

1 kleine rote Zwiebel, gewürfelt

3 EL naturtrüber Apfelessig oder Sherry-Essig

1 EL fermentierter Senf (s. S. 206)

7 EL natives Olivenöl extra

3 EL kalt gepresstes Walnussöl (nach Belieben)

Für den Feigensalat
200 g Pancetta (Toskanischer Speck), in dünne Scheiben geschnitten

1 Friséesalat

100 g Walnusskerne, eingeweicht (s. S. 209), geröstet und gehackt

6 frische Feigen, in Spalten geschnitten

Für die Leber
4 Scheiben Rinderleber (à 150 g)

Meersalz und schwarzer Pfeffer

2 EL Kokosöl, Rindertalg oder Entenschmalz

Für die Vinaigrette etwas Ghee in einem kleinen Topf zerlassen und die Zwiebelwürfel darin bei schwacher Hitze 5 Minuten anschwitzen. Den Essig einrühren und abkühlen lassen. Den Zwiebelsud in eine Schüssel füllen und mit einem Schneebesen zuerst den Senf, dann das Olivenöl und nach Belieben das Walnussöl unterschlagen.

Für den Feigensalat die Pancettascheiben in einer großen Pfanne bei mittlerer bis starker Hitze in etwa 3 Minuten knusprig braten. Dabei einmal wenden. Auf Küchenpapier abtropfen lassen, dann zerkrümeln.

Vom Friséesalat den Strunk und die äußeren dunklen Blätter entfernen. Die zarten, hellen Herzblätter ablösen und in eine Schüssel geben. Pancetta und Walnüsse unterheben.

Für die Leber die Leberscheiben mit Meersalz und frisch geschrotetem Pfeffer würzen. Das Kokosöl in der Pfanne bei mittlerer bis starker Hitze heiß werden lassen. Die Leber darin 4–6 Minuten braten, sodass sie innen noch leicht rosa ist. Dabei einmal wenden.

Den Salat mit etwas Vinaigrette beträufeln. Die Feigen zugeben und alles behutsam mischen. Die Leber mit dem Salat auf vier Tellern anrichten, die restliche Vinaigrette dazu servieren.

DESSERTS

Weil Limettentarte so beliebt ist, habe ich mir eine Variante für die Paleoküche ausgedacht. Glücklicherweise habe ich Freunde und Familie, die immer bereit sind, meine neuesten Süßspeisenkreationen zu testen. Und zu meiner großen Freude war diese hier immer ein voller Erfolg. Mir ist aber auch noch niemand begegnet, der bei einer so köstlichen Zitrustarte nicht schwach wird. Ich hoffe, sie schmeckt auch Ihnen.

LIMETTENTARTE

ERGIBT 8–10 STÜCKE

Für die kandierten Limetten
2 Bio-Limetten, in dünne Scheiben geschnitten
250 g Bio-Honig

Für den Boden
160 g Mandeln, eingeweicht (s. S. 209)
90 g Kokosraspel

6 Medjool-Datteln, entsteint
Mark von 1 Vanilleschote
2 EL Kokosöl
Meersalz

Für die Creme
3 reife Avocados, das Fruchtfleisch herausgelöst

175 ml frisch gepresster Limettensaft
250 g Bio-Honig
125 g Kokosöl

Außerdem
rechteckige oder runde Tarteform mit herausnehmbarem Boden (12 × 35 cm oder 30 cm ⌀)

Für die kandierten Limetten in einem Topf Wasser zum Kochen bringen. Die Limettenscheiben hineingeben und einige Sekunden kochen lassen. Dann abgießen und sofort in einer Schüssel mit Eiswasser eiskalt abschrecken. Diesen Vorgang noch zweimal wiederholen.

Den Honig mit 250 ml Wasser in einem Topf unter Rühren aufkochen, bis er sich aufgelöst hat. Die blanchierten Limettenscheiben zugeben und 40–60 Minuten im Sirup köcheln lassen, bis sie glasig werden. Die Scheiben im Sirup auskühlen lassen. Danach mit dem Sirup in ein sauberes Schraubglas füllen und verschließen. So sind sie im Kühlschrank 3 Monate haltbar.

Inzwischen für den Boden die Mandeln mit den Kokosraspeln im Mixer zu Streuseln zerkleinern. Datteln, Vanillemark, Kokosöl und 1 Prise Meersalz zufügen und in Intervallen weitermixen, bis die Masse bindet. Die Masse gleichmäßig in der Tarteform verteilen und festdrücken. Den Boden in der Form mindestens 1 Stunde kühlen.

Für die Creme das Avocadofruchtfleisch mit Limettensaft, Honig, Kokosöl und 1 Prise Meersalz im Mixer glatt pürieren. Die Creme abschmecken.

Die Creme auf dem Tarteboden verstreichen und die Tarte mindestens 4 Stunden, besser über Nacht, kühl stellen. Danach mit den kandierten Limettenscheiben belegen und servieren.

Ich bereite Lebensmittel gern roh zu. Deshalb war mir die Entwicklung dieser Leckerei eine Herzensangelegenheit. Die Anregung dazu kam von Dr. Libby Weaver, einer Expertin für ganzheitliche Ernährung, und ihrem Rezept für rohe Rote-Bete-Muffins. Ihre Muffins waren gut, doch es fehlte noch Schokolade, um sie so richtig köstlich zu machen. Natürlich werden sie damit auch etwas üppiger. Die Farbe der Creme ist so betörend wie ihr Geschmack. Da nichts gegart wird, behält die Rote Bete ihre gesunden Eigenschaften und natürlichen Enzyme.

ROTE-BETE-TÖRTCHEN MIT SCHOKOLADE

ERGIBT 8 STÜCK

Für die Teigmasse

300 g Macadamia- und Paranusskerne, eingeweicht (s. S. 209)

6 Medjool-Datteln, entsteint

40 g getrocknete Schwarze Johannisbeeren, Heidelbeeren oder Cranberrys

70 ml Ahornsirup

3 Rote-Bete-Knollen, geschält und geraspelt, plus Rote-Bete-Raspel zum Garnieren

200 g Kokosraspel, plus mehr zum Garnieren

4 EL rohes Bio-Kakaopulver

4 EL Carobpulver

½ TL gemahlene Vanille oder Mark von 1 Vanilleschote

2 EL Leinsamenmehl (am besten aus gelben Leinsamen)

Für den Guss

2 Avocados, das Fruchtfleisch herausgelöst

60 g rohes Bio-Kakaopulver

170 g Bio-Honig

2 EL Kokosöl

½ TL gemahlene Vanille oder Mark von 1 Vanilleschote

½ TL Meersalz

Für die Schokospäne

120 g Kokosöl, zerlassen

1½ EL rohes Bio-Kakaopulver, gesiebt

1½ EL Carobpulver, gesiebt

1 EL Bio-Honig

Außerdem

8 Dessertringe (5 cm Ø)

Für die Teigmasse die Nüsse im Mixer fein zerkleinern. Datteln, getrocknete Beeren und Ahornsirup zugeben und untermixen. Rote-Bete-Raspel, Kokosraspel, Kakao, Carobpulver, Vanille und Leinsamenmehl zufügen und alles zu einer gleichmäßigen und glatten Masse mixen. Ein Backblech mit Backpapier belegen und die Dessertringe daraufstellen. Die Teigmasse darin verteilen und im Tiefkühlgerät in etwa 40 Minuten fest werden lassen.

Für den Guss den Mixer säubern. Dann das Avocadofruchtfleisch mit Kakaopulver, Honig, Kokosöl, Vanille und Salz darin in Intervallen glatt pürieren. Die Küchlein aus den Ringen lösen und mit einer Palette gleichmäßig mit dem Guss überziehen. Die Törtchen 30 Minuten in den Kühlschrank stellen.

Inzwischen für die Schokospäne Kokosöl, Kakaopulver, Carobpulver und Honig in einer Schüssel verrühren. Ein Backblech mit Backpapier belegen und die Schokomasse so dünn wie möglich daraufstreichen. Die Schokolade 5 Minuten bei Raumtemperatur ruhen lassen. Dann das Papier vorsichtig aufrollen und die Schokolade 10–20 Minuten im Kühlschrank fest werden lassen. Sobald sie hart ist, das Papier abziehen. Die entstandenen Schokospäne auf das Backblech legen und nochmals 2–5 Minuten kühlen, bis sie wieder fest werden.

Die Törtchen zuletzt mit Rote-Bete-Raspeln, Kokosraspeln und den Schokospänen garnieren und servieren.

Käsekuchen durfte ich wegen meiner Laktoseintoleranz ja nie essen, aber diese laktosefreie Variante genieße ich dafür jetzt umso lieber! Cashewkerne sind ein ungewöhnlicher, aber ausgezeichneter Ersatz für Frischkäse – und wesentlich schmackhafter. Die Beeren bilden einen angenehmen Kontrast zum cremigen Cashew-Käse. Anstelle der Cashews können Sie auch Macadamianüsse verwenden. Allerdings müssen Sie dann beim Pürieren etwas mehr Wasser dazugeben, sonst wird die Masse nicht cremig genug.

CHEESECAKE
MIT BEEREN
FÜR 6–8 PERSONEN

Für die Streusel

160 g Mandeln, eingeweicht (s. S. 209)

90 g Kokosraspel

Mark von 1 Vanilleschote

Meersalz

6 Medjool-Datteln, entsteint

Für den Cheesecake

450 g Cashewkerne, 4–6 Stunden eingeweicht, dann in einem Sieb abgespült und abgetropft

125 ml frisch gepresster Limettensaft

300 g Bio-Honig

Mark von 1 Vanilleschote

250 g Kokosöl

500 g gemischte Beeren (frisch oder TK, z. B. Himbeeren, Heidelbeeren und Brombeeren)

Für das Beerengelee

60 g gemischte Beeren (frisch oder TK)

120 g Bio-Honig

Saft von ½ Zitrone

1 TL Gelatinepulver

Zum Servieren

geschlagene Kokossahne (s. S. 210)

frische Beeren

kleine Minzeblätter (nach Belieben)

Für die Streusel die Mandeln mit Kokosraspeln, Vanillemark und 1 Prise Meersalz im Mixer fein zerkleinern. Die Datteln zufügen und in Intervallen weitermixen, bis die Mischung gerade eben bindet. (Nicht zu lange mixen, sonst wird die Masse schmierig.) Die Streusel in eine Schüssel füllen und beiseitestellen.

Für den Cheesecake die Cashews mit Limettensaft, Honig, Vanillemark und 1 TL Meersalz im Mixer glatt pürieren. Das Kokosöl zugeben und untermixen. Die Beeren zufügen und in wenigen kurzen Intervallen untermischen.

Die Streusel in sechs bis acht kleine Gläser verteilen. Die Cheesecake-Masse daraufgeben und die Gläser 2–3 Stunden kühl stellen, bis die Masse fest ist.

Inzwischen für das Beerengelee die Beeren mit Honig, Zitronensaft und 250 ml Wasser in einem kleinen Topf aufkochen und 5 Minuten köcheln lassen. Danach durch ein Sieb abgießen und die Flüssigkeit auffangen, die Beeren wegwerfen. In ein Schälchen 2 EL Wasser geben, die Gelatine daraufstreuen und 2 Minuten quellen lassen. Die Gelatine dann in der heißen Beerenflüssigkeit auflösen. Die Flüssigkeit durch ein Sieb in eine Schüssel gießen und abkühlen lassen. Danach gleichmäßig auf den Cheesecakes verteilen. Die Gläser nochmals 1½ Stunden kühlen, bis das Gelee gestockt ist.

Zum Servieren den Cheesecake jeweils mit einem Klecks geschlagener Kokossahne, einigen Beeren und nach Belieben mit Minzeblättchen garnieren.

Ins Dessert-Repertoire gehört unbedingt ein perfekter Crumble. Den Dessert-Klassiker können Sie problemlos nach Geschmack und Saison variieren. Besonders gerne mag ich diese Variante mit Äpfeln und Beeren, denn säuerliche grüne Äpfel gibt's bei uns das ganze Jahr, und tiefgekühlte Bio-Beeren haben wir sowieso immer im Haus. Im Winter schmeckt der Crumble ofenwarm, im Sommer ist er gut gekühlt eine willkommene Erfrischung.

APFEL-BEEREN-CRUMBLE

FÜR 6 PERSONEN

Für die Füllung
4 Äpfel, geschält, Kerngehäuse entfernt und das Fruchtfleisch gehackt

80 g Bio-Honig

1 EL Kokosöl

abgeriebene Schale von 1 Bio-Orange

1 TL gemahlener Zimt

1 Vanilleschote, längs aufgeschlitzt und das Mark herausgeschabt

320 g gemischte Beeren (frisch oder TK)

Für die Streusel
100 g Mandel- oder Haselnussmehl

60 g Macadamianusskerne, eingeweicht (s. S. 209) und fein gehackt

60 g Pistazienkerne, eingeweicht (s. S. 209) und fein gehackt

40 g Kokosraspel

6 EL weiches Ghee oder Kokosöl

80 g Bio-Honig

½ TL gemahlener Zimt

1 Prise Meersalz

Außerdem
rechteckige Auflaufform (etwa 20 cm lang)

geschlagene Kokossahne oder Paleo-Vanilleeis (s. S. 210) zum Servieren

Für die Füllung die Äpfel mit Honig, Kokosöl, Orangenschale, Zimt, Vanilleschote, Vanillemark und 3 EL Wasser in einem Topf mischen. Zugedeckt bei schwacher bis mittlerer Hitze etwa 5 Minuten köcheln lassen, bis die Äpfel weich werden. Dabei gelegentlich umrühren. Die Beeren zufügen und 3–4 Minuten mitgaren, bis sie aufplatzen. Die Vanilleschote entfernen.

Inzwischen für die Streusel Mandelmehl, Macadamianüsse, Pistazien, Kokosraspel, Ghee, Honig, Zimt und Meersalz in eine Schüssel geben. Alles zu groben Streuseln vermischen.

Den Backofen auf 160 °C vorheizen. Die Apfelmischung in die Auflaufform füllen und die Streusel gleichmäßig darauf verteilen.

Den Crumble im heißen Ofen 10–15 Minuten backen, bis die Streusel goldbraun sind. Herausnehmen und 2–3 Minuten ruhen lassen. Den Crumble mit Kokossahne oder Eiscreme servieren.

Als meine ältere Tochter Chilli zwischen vier und acht Jahre alt war, mochte sie plötzlich keine Avocados mehr. Doch meine Carob-Variante dieser Schoko-Avocado-Mousse stimmte sie um und sie merkte, dass Avocados doch gar nicht so schlecht sind. Heute verzehrt sie regelmäßig Avocados, beispielsweise in reisfreien Sushis oder in Smoothies. Wir haben uns generell dazu entschieden, für Desserts Carob (Johannisbrot) zu verwenden, weil Kakao eine anregende Wirkung hat. Servieren Sie die Mousse eisgekühlt an einem heißen Tag – ein himmlischer Genuss, belebend und beruhigend zugleich.

SCHOKO-AVOCADO-MOUSSE
FÜR 4 PERSONEN

2 reife Avocados, das Fruchtfleisch herausgelöst

40 g rohes Bio-Kakaopulver oder Carobpulver

2 EL Bio-Honig

4 Medjool-Datteln, entsteint, 20 Minuten in warmem Wasser eingeweicht und abgetropft

1 TL gemahlener Zimt

Mark von 1 Vanilleschote

Zum Servieren

8 Kirschen

Pistazienkerne, eingeweicht (s. S. 209)

geröstete Kokosspäne

Das Avocadofruchtfleisch mit Kakao, Honig, Datteln, Zimt und Vanillemark im Mixer zu einer glatten und luftigen Masse pürieren.

Die Masse in vier kleine Gläser verteilen. Jeweils 2 Kirschen daraufsetzen und die Mousse mit Pistazien und Kokosspänen bestreut servieren.

In meiner Jugend waren Eislutscher mein Lieblingseis an heißen Tagen. Doch gekauftes Eis am Stiel enthält sehr viel Zucker und andere überflüssige Zutaten. Diese hausgemachten Eislollis dagegen sind erfrischend, pur und schlicht – wir alle lieben sie. Mit etwas Übung werden Sie bald problemlos frische Kokosnüsse öffnen und ihr Wasser und Fruchtfleisch in der Paleoküche einsetzen können. Für diese Eislutscher verwende ich mit Honig oder Ahornsirup gesüßten Granatapfelsaft. Ich mag seinen Geschmack sehr, zudem stärkt der Saft das Immunsystem, unterstützt die Verdauung und enthält reichlich Antioxidanzien. Die Eislutscher schmecken auch mit Beeren oder Kiwis statt mit Granatapfelkernen.

GRANATAPFEL-KOKOS-EISLUTSCHER
ERGIBT 8 STÜCK

3 Granatäpfel, halbiert

1 junge grüne Kokosnuss
(Bezugsquellen, s. S. 212)

1 EL Bio-Honig oder Ahornsirup, plus mehr nach Belieben

Außerdem

8 Eislutscherformen

8 Eisstiele aus Holz

Aus einer Granatapfelhälfte 3 EL Kerne herauslösen und beiseitelegen. Die Kokosnuss öffnen, dafür oben ein rundes Loch hineinschneiden. Das Kokoswasser in einen Messbecher abgießen und 250 ml abmessen, das Kokosfruchtfleisch anderweitig verwenden. Die Eislutscherformen halb hoch mit dem Kokoswasser füllen,

Die ausgelösten Granatapfelkerne in den Formen verteilen und das Eis im Tiefkühlfach 1 Stunde anfrieren lassen. Danach und in jede Form einen Eisstiel stecken und erneut 1 Stunde tiefkühlen.

Den Saft der Granatapfelhälften mit einer Zitruspresse auspressen. Ein Sieb mit einem Passiertuch auslegen, den Granatapfelsaft hineingießen und etwa 375 ml Saft abmessen. Den Honig in den Granatapfelsaft rühren und darin auflösen. Den Saft nach Belieben noch mit Honig nachsüßen.

Den Granatapfelsaft gleichmäßig in die Formen gießen. Die Formen nochmals 4 Stunden ins Tiefkühlfach stellen, bis die Eislutscher gefroren sind.

Tipp: Achten Sie beim Einkauf darauf, dass die Granatäpfel im Verhältnis zu ihrer Größe schwer sind. Dann enthalten sie den meisten Saft.

Ich kenne kaum jemanden, der Brownies widerstehen kann. Diese Variante wird Ihren Gaumen erfreuen und zugleich Ihre Lust auf Schokolade stillen. Zu besonderen Anlässen servieren wir die Brownies mit selbst gemachtem Kokoseis oder Himbeermark und frischen, saftigen Beeren.

SCHOKO-BROWNIES
ERGIBT ETWA 20 STÜCK

200 g Rohkakao-Schokolade (s. S. 210), gehackt

185 g Ghee oder Kokosöl

30 g rohes Bio-Kakaopulver, plus 2 EL zum Bestäuben

6 Eier, getrennt

250 g Bio-Honig

200 g Walnusskerne, eingeweicht (s. S. 209), geröstet und grob gehackt

Außerdem

rechteckige Backform (etwa 18 × 28 cm)

Ghee für die Form

Den Backofen auf 160 °C vorheizen, die Backform fetten und vollständig mit Backpapier auslegen.

Die Schokolade mit dem Ghee und 30 g Kakaopulver in eine Metallschüssel geben und die Schüssel über ein heißes Wasserbad setzen. Dabei darauf achten, dass der Schüsselboden das Wasser nicht berührt. Die Schokolade schmelzen lassen, dabei mit einem Teigschaber mehrmals umrühren, bis sie glatt ist. Die Schokolade vom Wasserbad nehmen und etwas abkühlen lassen.

Inzwischen die Eigelbe mit zwei Dritteln des Honigs in die Schüssel der Küchenmaschine oder eine Rührschüssel geben. Die Eigelbe mit dem Schneebesen der Maschine oder des Handrührgeräts auf höchster Stufe schlagen, bis sie dickschaumig sind und ihr Volumen verdoppelt haben. Die Eigelbmasse unter die flüssige Schokolade heben.

Schüssel und Schneebesen sorgfältig abwaschen und abtrocknen. Die Eiweiße mit dem restlichen Honig auf höchster Stufe zu nicht zu steifem Schnee schlagen. Den Eischnee unter die Schokomasse heben und die Walnüsse vorsichtig unterziehen.

Die Masse in die Form füllen und glatt streichen. Im heißen Ofen 30 Minuten backen. Zur Garprobe einen Holzspieß in die Mitte des Kuchens stechen. Haftet beim Herausziehen kein Teig mehr daran, ist der Kuchen fertig. Den Kuchen aus dem Ofen nehmen und abkühlen lassen, dann 2 Stunden in den Kühlschrank stellen.

Danach den Kuchen auf ein Schneidebrett stürzen und in Stücke schneiden. Die Brownies mit 2 EL Kakaopulver bestäuben und servieren.

Auf diese erfrischenden Wassermelonentörtchen freue ich mich an einem heißen Sommertag besonders. Naja, echte Törtchen sind es ja nicht, aber sie sehen zumindest so aus. Sie lassen sich beliebig aromatisieren, denn Wassermelone verträgt sich mit Pikantem wie auch mit Süßem. Zum Beispiel habe ich hier meine Lieblingsaromen und -zutaten verwendet: in Rosenwasser pochierte Feigen, Kokossahne und aromatische Pistazien. Damit werden die Törtchen zu einem feinen Dessert.

WASSERMELONENTÖRTCHEN
MIT KOKOSCREME & ROSENWASSER-FEIGEN
FÜR 6 PERSONEN

Für die Feigen

2 EL Bio-Rosenwasser

1 EL Bio-Honig

2 Kardamomkapseln, zerdrückt

7 sehr kleine getrocknete Feigen, halbiert

Für die Kokoscreme

100 g Kokos-Vanille-Joghurt (s. S. 17)

200 g geschlagene Kokossahne (s. S. 210)

¼ kernlose Wassermelone, geschält und in 2 cm dicke Scheiben geschnitten

30 g Pistazienkerne, eingeweicht (s. S. 209) und gehackt

Für die Feigen das Rosenwasser mit 150 ml Wasser, Honig und Kardamom in einen kleinen Topf geben. Bei mittlerer bis starker Hitze zum Kochen bringen, dann die Feigen hineingeben. Den Topf vom Herd nehmen und die Feigen im Rosenwassersirup auskühlen lassen.

Inzwischen für die Kokoscreme den Joghurt in einer Schüssel mit der Kokossahne glatt rühren. Die Creme abgedeckt 30 Minuten kühlen.

Für die Törtchen aus den Wassermelonenscheiben 12 Kreise (6 cm Ø) ausstechen. 6 Melonenkreise auf Dessertteller oder auf eine Servierplatte legen. Die Hälfte der Kokoscreme daraufstreichen, jeweils 1 Melonenkreis auflegen und die restliche Kokoscreme darauf verteilen. Die Törtchen mit den Pistazien bestreuen und mit den pochierten Feigen garnieren. Jeweils mit etwas Rosenwassersirup beträufeln und sofort servieren.

In der Paleo-Community ist Mark Sisson eine echte Legende. Er ist bekannt für seinen Schwung und seinen Elan und wurde zahllosen Anhängern zur Leitfigur. Es ist für mich eine große Ehre, dass ich Marks Schokolade hier vorstellen darf. Diese leckere Nascherei stillt jeden Heißhunger auf Schokolade.

MARK SISSONS SCHOKOBRUCH

ERGIBT 12–15 STÜCKE

130 g Rohkakao-Schokolade (s. S. 210)

135 g Macadamianusskerne, eingeweicht (s. S. 209) und grob gehackt

45 g Kokosraspel

Meersalz zum Bestreuen

Ein Backblech mit Backpapier belegen. Die Schokolade in Stücke brechen und in eine Metallschüssel geben. Die Schüssel über ein heißes Wasserbad setzen, dabei darauf achten, dass der Schüsselboden das Wasser nicht berührt. Die Schokolade unter Rühren schmelzen lassen.

Die Macadamianüsse mit den Kokosraspeln mischen und gleichmäßig auf dem Backblech verteilen. Die flüssige Schokolade daraufgießen und dünn mit Meersalz bestreuen. Die Schokolade im Kühlschrank in etwa 2 Stunden fest werden lassen.

Die Schokolade zum Servieren in Stücke brechen. Zum Aufbewahren in eine luftdicht schließende Dose füllen. Im Kühlschrank ist die Schokolade 1 Woche oder tiefgekühlt bis zu 2 Monate haltbar.

Diese Leckerbissen gibt es oft bei uns, weil sie so schnell und einfach zuberei-
tet sind. Die Kugeln sind ideal als kleiner Pausensnack, da helfen Kinder beim
Rollen gerne mit. Meine Mädels lieben diese Erdbeerkugeln, deshalb möchte ich
Ihnen das Rezept hier vorstellen. Es lässt sich ganz leicht Ihrem persönlichen
Geschmack anpassen. Geben Sie dafür einfach Ihr Lieblingsdörrobst, andere
Nüsse oder Samen hinein. Und wenn die Kugeln nicht so süß sein sollen, einfach
mehr Nüsse oder Samen und weniger Obst verwenden.

ERDBEERKUGELN

ERGIBT 18 STÜCK

8 Medjool-Datteln, entsteint

¼ Banane

100 g Walnusskerne, eingeweicht (s. S. 209)

135 g Macadamianusskerne,
eingeweicht (s. S. 209) und
geröstet

3 EL Kokosöl, zerlassen

115 g Erdbeeren, entkelcht
und gehackt

3 EL Chia-Samen

40 g Kokosraspel, plus mehr
zum Wälzen

Die Datteln im Mixer fein pürieren. Banane, Walnüsse, Macadamianüsse,
Kokosöl, Erdbeeren, Chia-Samen und 40 g Kokosraspel zugeben. In Intervallen weitermixen, bis die Masse bindet und die Nüsse fein zerkleinert sind.

Von der Masse je 1 EL abnehmen und zwischen den Handflächen zu Kugeln
rollen. Die Kugeln anschließend in den Kokosraspeln wälzen.

Die Erdbeerkugeln 20 Minuten in den Kühlschrank stellen, dann servieren.
Im Kühlschrank sind die Kugeln 1 Woche haltbar.

Kürbis-Pie ist bei uns ein Symbol für Erntezeit und Familienfeste. Also musste ich in meiner Paleoküche eine Variante kreieren, die so gut wie das Original ist. Meine Pie besteht aus einem Paleo-Tarteboden und ist mit einer laktosefreien Creme aus Tahin, Nüssen und Samen gefüllt. Als köstliches Extra gibt's eine Deko aus mit Schokolade überzogenem Speck – probieren und staunen!

KÜRBIS-PIE
MIT SCHOKO-SPECK
ERGIBT 6–8 STÜCKE

1 Rezept süßer Mürbeteig
(s. S. 210), gekühlt

1 Hokkaidokürbis (etwa 800 g),
Samen entfernt und in Spalten
geschnitten

80 g Mandeln, eingeweicht
(s. S. 209)

70 g Paranusskerne, eingeweicht
(s. S. 209)

3 Eier

1 Eigelb

170 g Bio-Honig

125 ml Kokosmilch

1 EL Vollkorn-Tahin (Sesampaste)

1 TL gemahlener Zimt

1 TL gemahlener Ingwer

1 TL frisch geriebene Muskatnuss

1 Prise Meersalz

geschlagene Kokossahne (s. S. 210)
zum Garnieren

Schoko-Speck (s. S. 209) zum
Garnieren

Außerdem
Pieform (23 cm ∅)

Ghee oder Kokosöl für die Form

Den Backofen auf 170 °C vorheizen. Ein großes Stück Frischhaltefolie oder Backpapier auf die Arbeitsfläche legen. Den Teig darauf 5 mm dick zu einem Kreis (30 cm ∅) ausrollen. Sollte er einreißen, mit den Fingern wieder zusammendrücken und glatt streichen.

Die Pie-Form fetten und mit dem Boden nach oben mittig auf den Teigkreis setzen. Die Ränder der Folie um die Form schlagen und alles vorsichtig umdrehen. Den Teig fest in die Form drücken, sodass zwischen Teig und Form keine Luftbläschen sind. Die Folie abziehen und eventuelle Risse im Teig mit den Fingern zusammendrücken. Den Rand mit einem Messer begradigen.

Den Teigboden im heißen Ofen in etwa 5 Minuten goldgelb vorbacken. Dabei jedoch nicht zu dunkel werden lassen. Aus dem Ofen nehmen und in der Form abkühlen lassen.

Für die Kürbiscreme die Kürbisspalten auf ein Backblech legen und im heißen Ofen in 30–40 Minuten weich rösten. Dann 400 g Fruchtfleisch abwiegen und mit 2 EL Wasser im Mixer glatt pürieren. Das Kürbispüree in eine Schüssel füllen und beiseitestellen. Den restlichen gerösteten Kürbis anderweitig verwenden oder für den Vorrat tiefkühlen.

Den Mixbehälter säubern. Mandeln und Nüsse in den Mixer geben und fein zerkleinern. Eier, Eigelb, Honig, Kokosmilch und Tahin zufügen und 2–3 Minuten untermixen, bis die Masse glatt ist. Bei Bedarf noch etwas Wasser untermischen. Kürbispüree, Zimt, Ingwer, Muskat und Meersalz zugeben und alles zu einer glatten Creme verrühren.

Die Kürbiscreme auf den Teigboden geben und glatt streichen. Die Pie im heißen Ofen 40–45 Minuten backen, bis die Creme gestockt ist. Falls der Rand dabei zu dunkel wird, mit Alufolie abdecken. Die Pie im Kühlschrank auskühlen lassen.

Zum Servieren die Pie in Stücke schneiden und jedes Stück mit einem Klecks Kokossahne und Schoko-Speck garnieren.

Ich mag dieses Gefühl von prickelnder Frische, wenn man an einem heißen Sommertag ein Eis am Stiel schleckt. Deswegen gibt es hier belebende Eislutscher, die Sie mit Ihrer Familie ganz einfach selbst zubereiten können. Sie sind schnell gemacht, aber planen Sie die Tiefkühlzeit mit ein — sonst lungert eine Horde gieriger Zwerge vor dem Tiefkühler und wartet darauf, dass das Eis fertig ist. Wir verwenden für die Eislollis am liebsten Beeren (reich an Antioxidanzien), erfrischende Wassermelone und Mangos mit einem Spritzer Zitronensaft. Egal welches Obst Sie bevorzugen, kaufen Sie nur hochwertige Bio-Früchte oder, noch besser, wild wachsende oder alte Sorten.

FRUCHTIGE EISLUTSCHER
ERGIBT 8 STÜCK

2 junge grüne Kokosnüsse
(Bezugsquellen, s. S. 212)

etwa 200 g gemischte Früchte
(z. B. Erdbeeren, Weintrauben,
Mangos, Litschis, Ananas,
Kiwis oder Himbeeren), in
mundgerechte Stücke
geschnitten

Außerdem
8 Eislutscherformen
8 Eisstiele aus Holz

Die Kokosnüsse öffnen, dafür oben ein rundes Loch hineinschneiden. Das Kokoswasser in einen Messbecher gießen, das Fruchtfleisch anderweitig verwenden.

Die Früchte in den Eislutscherformen verteilen und leicht hineindrücken, sodass die Formen gefüllt sind. Jeweils so viel Kokoswasser in die Formen gießen, bis die Früchte knapp bedeckt sind. Die Eisstiele in die Formen stecken und die Eislutscher mindestens 6 Stunden im Tiefkühlfach gefrieren lassen. Im Tiefkühlfach aufbewahrt sind die Eislutscher 2 Wochen haltbar.

Wer schon einmal in Spanien war, hat dort bestimmt Churros, das berühmte Brandteiggebäck, gegessen. Die frittierten Teigstangen haben Suchtpotenzial – besonders, wenn es dazu noch warme Schokosauce zum Dippen gibt. Meine Variante kommt ganz gesund ohne raffinierten Zucker und klassisches Mehl daher und schmeckt einfach himmlisch. Den Kakao in der Sauce können Sie für Kinder durch Carobpulver ersetzen.

CHURROS
MIT SCHOKOLADENSAUCE
ERGIBT 12 STÜCK

100 g Ghee	65 g Pfeilwurzelmehl	**Außerdem**
1½ TL Bio-Honig	3 Eier	Spritzbeutel mit Sterntülle
¼ TL Meersalz	Kokosöl zum Frittieren	(13 mm Ø)
35 g Kokosmehl	Schokoladensauce, erwärmt (s. S. 210), zum Servieren	

Für die Churros Ghee, Honig, Meersalz und 125 ml Wasser in einem Topf mischen und bei mittlerer Hitze zum Köcheln bringen. Kokos- und Pfeilwurzelmehl zugeben und mit einem Kochlöffel etwa 30 Sekunden rühren, bis sich der Teig zu einer Kugel formt. Den Teig noch 30 Sekunden weiterrühren, bis er sich von der Topfwand löst.

Den Teig in die Schüssel der Küchenmaschine oder in eine Rührschüssel geben. Die Eier einzeln mit dem Flachrührer oder dem Handrührgerät auf niedriger bis mittlerer Stufe einrühren. Die Masse noch 4 Minuten weiterrühren, bis sie abgekühlt ist. Dann mit einem Löffel in den Spritzbeutel füllen.

Reichlich Kokosöl in einem hohen Topf auf 160 °C erhitzen, bis der Topf etwa 10 cm hoch gefüllt ist.

Die Churros-Masse vorsichtig portionsweise direkt in das heiße Öl spritzen. Dabei den Teigstreifen mit einer Schere jeweils in etwa 7 cm Länge abschneiden. Die Churros in 1–2 Minuten knusprig goldbraun frittieren. Herausnehmen und auf Küchenpapier abtropfen lassen. So fortfahren, bis der Teig aufgebraucht ist.

Die Churros sofort heiß servieren und die warme Schokoladensauce als Dip dazu reichen.

GETRÄNKE

192

Eistee mit Ingwer & Süßholz

192

Nussmilch

195

Chai-Smoothie

195

Heiße Carob-Milch

196

Beeren-Smoothie

196

Grüner Smoothie

199

Grüner Saft

199

Rote-Bete-Saft mit
Möhre & Grünkohl

200

Eisschokolade

200

Schoko-Smoothie

EISTEE MIT INGWER & SÜSSHOLZ

FÜR 2–4 GLÄSER

4 Stangen Süßholzwurzel, in Stücke gebrochen

2–3 cm frischer Ingwer, in Scheiben geschnitten

1 Zimtstange

2 EL Bio-Honig (nach Belieben)
½ Bund Minze
Eiswürfel zum Servieren

Süßholz, Ingwer und Zimtstange in ein hitzebeständiges Gefäß geben und 1 l kochend heißes Wasser dazugießen. Dann 20 Minuten ziehen lassen.

Den Tee durch ein Sieb in einen Krug gießen. Umrühren und nach Belieben mit Honig süßen. Die Minze zufügen und den Tee auf Raumtemperatur abkühlen lassen. Danach in den Kühlschrank stellen. Den Eistee durch ein feines Sieb in Gläser gießen und mit Eiswürfeln servieren.

NUSSMILCH

Ergibt 1 L

150 g Mandeln, Macadamia- oder Walnusskerne, eingeweicht (s. S. 209)

Außerdem
Passiertuch

Die Mandeln mit 1 l Wasser in den Mixer geben und in etwa 2 Minuten glatt pürieren. Eine Schüssel mit dem Passiertuch auslegen, dabei die Tuchränder über den Schüsselrand hängen lassen. Das Mandelpüree hineingießen, die Tuchränder mit den Händen zusammenfassen und die Milch herausdrücken.

Die Nussmilch in einen Krug füllen und in den Kühlschrank stellen. Vor dem Trinken gut durchrühren. Gekühlt ist die Nussmilch 4–5 Tage haltbar.

CHAI-SMOOTHIE

FÜR 1–2 GLÄSER

250 ml Kokoswasser

250 ml Kokossahne oder -milch

2 Eier

1–2 Bananen, tiefgekühlt

1 EL Süßholzpulver (nach Belieben, s. Tipp S. 196)

1 EL Bio-Honig (nach Belieben)

1 TL frisch geriebener Ingwer

1 TL gemahlener Zimt

½ TL gemahlener Kardamom

½ TL gemahlene Gewürznelke

Alle Zutaten in den Mixer geben und glatt pürieren. Den Smoothie in ein oder zwei Gläser füllen und sofort servieren.

Tipp: Dieser Smoothie lässt sich problemlos tiefkühlen. So verwandelt er sich im Handumdrehen in erfrischende Eiscreme.

HEISSE CAROB-MILCH

FÜR 2 BECHER

500 ml Kokosmilch oder Mandelmilch (s. S. 192)

2 EL Carobpulver oder rohes Bio-Kakaopulver (s. Tipp)

1 Prise gemahlener Zimt

2 EL Bio-Honig (nach Belieben)

Vanille-Marshmallows (s. S. 211) zum Servieren

Die Kokosmilch in einen Topf gießen. Das Carobpulver mit Zimt und nach Belieben Honig mit einem Schneebesen unterschlagen, bis keine Klümpchen mehr vorhanden sind. Die Carob-Milch bei mittlerer Hitze zum Köcheln bringen. Vom Herd nehmen und in zwei Becher gießen. Mit den Marshmallows servieren – und dann nur noch zurücklehnen, nippen und genießen.

Tipp: Diese heiße Milch können Sie auch mit rohem Kakaopulver zubereiten. Sie besitzt dann eine antioxidative Wirkung. Aber achten Sie darauf, dass Kinder nicht zu viel davon trinken, denn Kakao wirkt anregend.

BEEREN-SMOOTHIE

FÜR 2 GLÄSER

1 TL Spirulinapulver

150 g Heidelbeeren
(frisch oder TK)

50 g Himbeeren
(frisch oder TK)

50 g Acaibeeren-Mark oder
frische Acaibeeren

1 Banane (frisch oder TK)

1 EL Bio-Honig (nach Belieben)

125 ml Kokosmilch oder Mandelmilch (s. S. 192)

125 ml Kokoswasser

1 junge grüne Kokosnuss
(Bezugsquellen, s. S. 212), das
Fruchtfleisch herausgelöst

5 Mandeln, eingeweicht
(s. S. 209)

5 Macadamianusskerne,
eingeweicht (s. S. 209)

Eiswürfel (bei Bedarf)

Alle Zutaten in den Mixer geben. Werden frische Beeren verwendet, noch
einige Eiswürfel zufügen. Alles mixen, bis der Smoothie glatt und cremig ist.
Den Smoothie in zwei hohe Gläser füllen und sofort servieren.

GRÜNER SMOOTHIE

FÜR 2–3 GLÄSER

1 junge grüne Kokosnuss
(Bezugsquellen, s. S. 212)

2 Eier

150 g Mandeln, eingeweicht
(s. S. 209)

2 Salatgurken, zerkleinert

1–2 Handvoll Blattspinat

1 Bund glatte Petersilie

1 Handvoll Minzeblätter

2 TL gemahlener Zimt

2 EL Maca-Pulver
(nach Belieben, s. Tipp)

2 TL Süßholzpulver
(nach Belieben, s. Tipp)

Die Kokosnuss öffnen, dafür oben ein rundes Loch hineinschneiden. Etwa
250 ml Kokoswasser in einen Krug abgießen. Mit einem Löffel etwa 120 g
Fruchtfleisch aus der Schale lösen und zum Kokoswasser geben. Den Krug
bis zur Verwendung in den Kühlschrank stellen.

Kokoswasser und -fruchtfleisch, Eier, Mandeln, Gurken, Spinat, Petersilie,
Minze, Zimt und nach Belieben Maca und Süßholz mit 250 ml Wasser in den
Mixer füllen. Mixen, bis der Smoothie glatt und cremig ist. Den Smoothie in
zwei oder drei hohe Gläser füllen und sofort servieren.

Tipp: Gemahlene Maca-Wurzel ist hochwirksam. Beginnen Sie daher mit kleinen Mengen und beobachten Sie, wie Ihr Körper darauf reagiert. Süßholzpulver
verwenden wir wegen seiner Süße, allerdings ist auch das sehr stark. Falls Sie
Bedenken haben, fragen Sie Ihren Arzt oder Heilpraktiker. Und verwenden Sie
kein Süßholz, wenn Sie gerinnungshemmende Mittel einnehmen! Die Zutaten
für diesen Smoothie lassen sich beliebig variieren oder ergänzen, z. B. mit Hanf-
samen oder -pulver, Chia-Samen, Maqui-Beeren, Camu Camu, Aloesaft,
Spirulina, Ingwer, Kurkuma, Gewürznelken, Bienenpollen oder Beeren.

GRÜNER SAFT

250 g Grünkohl	2 Salatgurken	½ Bund Minze
30 g Blattspinat	1 Limette, geschält	10 cm frischer Ingwer
4 Stangen Staudensellerie	½ Bund glatte Petersilie	2 grünschalige Äpfel

Alle Zutaten in den Entsafter geben und entsaften. Den Saft in zwei hohe Gläser füllen und sofort servieren.

ROTE-BETE-SAFT MIT MÖHRE & GRÜNKOHL

FÜR 2 GLÄSER

2 große Rote-Bete-Knollen	1 Salatgurke	250 g Grünkohl
4 Möhren, geschält	1 daumengroßes Stück frischer Ingwer	1 Orange, geschält
2 Stangen Staudensellerie		

Alle Zutaten in den Entsafter geben und entsaften. Den Saft in zwei hohe Gläser füllen und sofort servieren.

EISSCHOKOLADE

FÜR 2 GLÄSER

600 ml Mandelmilch (s. S. 192)

1 EL rohes Bio-Kakaopulver, plus mehr zum Garnieren (nach Belieben)

2 EL Schokoladensauce (s. S. 210), erwärmt, plus mehr zum Garnieren

Bio-Honig zum Süßen

Eiswürfel

2–4 Kugeln Paleo-Vanille- oder Schokoladeneis (s. S. 210)

Zum Servieren

geschlagene Kokossahne (s. S. 210)

fein gehackte Nüsse oder Kakaobohnensplitter (nach Belieben)

Die Mandelmilch mit Kakaopulver und Schokoladensauce in den Mixer geben und glatt verquirlen. (Dabei nach Belieben etwas weniger oder mehr Schokoladensauce verwenden.) Die Schokomilch nach Geschmack mit Honig süßen.

Jeweils etwas Schokoladensauce in zwei hohe Gläser geben. Die Gläser dann schräg halten und schwenken, bis ein dekoratives Muster an der Glaswand entsteht. Jeweils einige Eiswürfel und 1–2 Kugeln Eiscreme in die Gläser füllen und mit der Schokomilch übergießen. Die Eisschokolade nach Belieben mit einem Klecks Kokossahne und mit etwas Kakaopulver, gehackten Nüssen oder Kakaobohnensplittern bestreuen. Sofort servieren.

SCHOKO-SMOOTHIE

FÜR 2 GLÄSER

2 EL rohes Bio-Kakaopulver oder Carobpulver (s. Tipp)

1 EL Maca-Pulver (nach Belieben, s. Tipp)

1 EL Süßholzpulver (nach Belieben, s. Tipp)

80 g Heidelbeeren (frisch oder TK)

1 Banane (frisch oder TK)

500 ml Kokoswasser

125 ml Kokosmilch oder -sahne

25 g Kokosraspel

10 Mandeln, eingeweicht (s. S. 209)

10 Macadamianusskerne, eingeweicht (s. S. 209)

1 TL Bio-Honig

Eiswürfel (bei Bedarf)

Kakaopulver, nach Belieben Maca und Süßholz, Heidelbeeren, Banane, Kokoswasser, Kokosmilch, Kokosraspel, Mandeln, Macadamianüsse und Honig in den Mixer füllen. Werden frische Heidelbeeren verwendet, noch einige Eiswürfel zugeben. Alles mixen, bis der Smoothie glatt und cremig ist. Den Smoothie in zwei hohe Gläser füllen und servieren.

Tipp: Wenn Sie den Smoothie für Kinder zubereiten, ersetzen Sie den Kakao durch Carobpulver und lassen Sie Maca und Süßholz weg (s. Tipp S. 196).

Grundrezepte

GEMÜSEBRÜHE

ERGIBT ETWA 3,5 L

1 EL Kokosöl

1 Zwiebel, grob gewürfelt

2 große Möhren, geschält und grob gehackt

2 Pastinaken, geschält und grob gehackt

1 Stange Staudensellerie, grob gehackt

300 g Mangold, grob gehackt

2–3 Zweige Thymian

2–3 Stängel glatte Petersilie

1 Lorbeerblatt

Das Öl in einem großen Topf bei mittlerer bis starker Hitze heiß werden lassen. Die Zwiebel darin unter Rühren etwa 8 Minuten braten. Möhren, Pastinaken und Sellerie zufügen und etwa 15 Minuten mitbraten, bis sie weich sind.

Mangold, Thymian, Petersilie und Lorbeer zugeben und 4 l Wasser dazugießen. Aufkochen und bei schwacher Hitze etwa 1 Stunde köcheln lassen.

Die Brühe vom Herd nehmen und durch ein feines Sieb in Vorratsbehälter gießen, dabei das Gemüse kräftig ausdrücken. Das Gemüse dann wegwerfen. Die Brühe ist im Kühlschrank 3–4 Tage oder tiefgekühlt 3 Monate haltbar.

FISCHFOND

ERGIBT ETWA 2,5 L

2 EL Kokosöl

2 Zwiebeln, grob gewürfelt

1 Möhre, geschält und grob gehackt

125 ml trockener Weißwein oder Wermut (nach Belieben)

3–4 Fischkarkassen (z. B. von Heilbutt, Kabeljau oder Scholle, nicht von Fettfischen)

3 EL naturtrüber Apfelessig

2–3 Zweige Thymian

2–3 Stängel glatte Petersilie

1 Lorbeerblatt

Das Öl in einem großen Topf bei schwacher bis mittlerer Hitze heiß werden lassen. Zwiebeln und Möhre einrühren und in etwa 30 Minuten weich garen. Nach Belieben den Wein dazugießen. Die Fischkarkassen zugeben, mit 3 l kaltem Wasser bedecken und den Essig einrühren. Alles aufkochen und dabei sich bildenden Schaum abschöpfen.

Thymian, Petersilie und Lorbeer mit Küchengarn zu einem Sträußchen zusammenbinden und in den Fond geben. Den Fond dann zugedeckt bei schwacher Hitze 2 Stunden köcheln lassen.

Die Karkassen mit einer Küchenzange aus dem Fond nehmen. Den Fond durch ein Sieb in Vorratsbehälter gießen. Im Kühlschrank vollständig auskühlen lassen und erstarrtes Fett von der Oberfläche abnehmen. Der Fond ist im Kühlschrank 3–4 Tage oder tiefgekühlt bis zu 3 Monate haltbar.

HÜHNERBRÜHE

ERGIBT ETWA 3 L

1–1,5 kg Hähnchenteile mit hohem Knochenanteil (z. B. Hals, Rücken, Brustbein und Flügel)

2–3 Hähnchenfüße (nach Belieben)

2 EL naturtrüber Apfelessig

1 große Zwiebel, grob gewürfelt

2 Möhren, geschält und grob gehackt

3 Stangen Staudensellerie, grob gehackt

2 Stangen Lauch, nur den hellen Teil grob gehackt

1 Knoblauchknolle, längs halbiert

1 EL schwarze Pfefferkörner, zerstoßen

2 große Handvoll glatte Petersilie

Die Hähnchenteile und nach Belieben die Hähnchenfüße in einen großen Topf geben. Essig, Zwiebel, Möhren, Sellerie, Lauch, Knoblauch und Pfefferkörner zugeben und 4 l kaltes Wasser dazugießen. Alles 30–60 Minuten ruhen lassen.

Die Brühe danach bei mittlerer bis starker Hitze aufkochen und dabei sich bildenden Schaum abschöpfen. Bei schwacher Hitze 6–8 Stunden köcheln lassen. Je länger die Brühe köchelt, desto aromatischer wird sie. Etwa 10 Minuten vor Ende der Kochzeit die Petersilie zur Brühe geben.

Die Brühe durch ein feines Sieb in einen großen Vorratsbehälter gießen. Abgedeckt im Kühlschrank vollständig auskühlen lassen und erstarrtes Fett von der Oberfläche abnehmen. Die Brühe ist im Kühlschrank 3–4 Tage oder tiefgekühlt bis zu 3 Monate haltbar.

Tipp: Verwenden Sie für die Brühe unbedingt Teile von Bio-Hähnchen. Mit Teilen von Käfighühnern geliert die Brühe häufig nicht.

RINDERBRÜHE

ERGIBT ETWA 3 L

etwa 2 kg Rinderknochen (auch Markknochen)

1 Kalbsfuß (nach Belieben), in Stücke gehackt

3 EL naturtrüber Apfelessig

1,5 kg Fleischknochen vom Rind

3 Zwiebeln, grob gewürfelt

3 Möhren, geschält und grob gehackt

2 Stangen Lauch, nur den hellen Teil grob gehackt

3 Stangen Staudensellerie, grob gehackt

2–3 Zweige Thymian, zu einem Sträußchen gebunden

1 TL schwarze Pfefferkörner, zerdrückt

1 Knoblauchknolle, längs halbiert

2 große Handvoll glatte Petersilie

Die Rinderknochen, nach Belieben den Kalbsfuß und Essig in einen sehr großen Topf geben. 4 l kaltes Wasser dazugießen und 1 Stunde ruhen lassen.

Den Backofen auf 200 °C vorheizen. Fleischknochen, Zwiebeln, Möhren und Lauch in einer ofenfesten Form verteilen und im heißen Ofen 10 Minuten rösten. Danach mit dem Staudensellerie zu den Rinderknochen in den Topf geben.

Das Fett aus der Form in einen zweiten Topf abgießen und 1 l Wasser zufügen. Bei starker Hitze unter Rühren zum Köcheln bringen. Den gelösten Röstfond ebenfalls zu den Knochen gießen. Bei Bedarf noch etwas Wasser dazugießen, bis die Knochen vollständig bedeckt sind. Der Topf darf jedoch höchstens bis 2 cm unter den Rand gefüllt werden, damit später nichts überkocht.

Die Brühe aufkochen lassen und dabei sich bildenden Schaum abschöpfen. Thymian, Pfefferkörner und Knoblauch zugeben.

Die Brühe dann 8–12 Stunden köcheln lassen. Etwa 10 Minuten vor Ende der Kochzeit die Petersilie einrühren. Die Brühe durch ein feines Sieb in einen großen Vorratsbehälter gießen und abgedeckt im Kühlschrank abkühlen lassen. Danach das erstarrte Fett von der Oberfläche abnehmen und die Brühe zum Aufbewahren in kleinere Behälter umfüllen. Die Brühe ist im Kühlschrank 3–4 Tage oder tiefgekühlt 3 Monate haltbar.

MAYONNAISE

ERGIBT ETWA 400 G

1 Ei

2 Eigelb

2 EL naturtrüber Apfelessig

2 EL frisch gepresster Zitronensaft

1 TL fermentierter Senf (s. S. 206)

1 TL Meersalz

350 ml Oliven- oder Macadamiaöl

Ei, Eigelbe, Essig, Zitronensaft, Senf und Meersalz in die Küchenmaschine oder den Mixer geben und 1–2 Minuten verrühren. Dann bei laufendem Motor tröpfchenweise das Öl dazugießen, bis sich alles verbindet. Das Öl jetzt langsam und gleichmäßig weitergießen, bis eine cremige Mayonnaise entsteht. Die Mayonnaise vor der Verwendung mindestens 5 Minuten in den Kühlschrank stellen. Kühl gelagert ist sie 4–5 Tage haltbar.

AIOLI

ERGIBT ETWA 500 G

4 Eigelb

2 EL naturtrüber Apfelessig

2 EL frisch gepresster Zitronensaft

2 TL fermentierter Senf (s. S. 206) oder Dijonsenf

4 konfierte Knoblauchzehen (s. S. 207), fein gehackt

400 ml Oliven- oder Macadamiaöl

Meersalz und schwarzer Pfeffer

Eigelbe, Essig, Zitronensaft, Senf und Knoblauch in eine hohe Schüssel geben und mit dem Stabmixer cremig aufschlagen. Dabei das Öl langsam in dünnem Strahl dazugießen. Die Aioli mit Meersalz und frisch geschrotetem Pfeffer abschmecken. Mit Frischhaltefolie bedecken und bis zur Verwendung kühlen. Die Aioli ist im Kühlschrank 4–5 Tage haltbar.

CHIPOTLE-AIOLI

ERGIBT ETWA 250 G

2 Chipotles in Adobo (geräucherte Jalapeño-Chilis in Tomatensauce, aus dem Internet, s. S. 212)

1 EL Adobo-Sauce

250 g Aioli (oder nach Geschmack)

Chipotles, Adobo-Sauce und Aioli in den Mixer geben und glatt pürieren. Ist die Mischung zu scharf, etwas mehr Aioli zufügen, soll die Aioli extrascharf werden, mehr Chipotles untermixen. In einen luftdicht schließenden Behälter füllen und kühlen. Die Chipotle-Aioli ist im Kühlschrank 4–5 Tage haltbar.

ARTISCHOCKEN-REMOULADE

ERGIBT ETWA 250 G

125 g Aioli (s. S. 203)

4 kleine Artischockenherzen (aus der Dose), fein gehackt

1 TL sehr kleine Kapern (Nonpareilles), fein gehackt

1 TL fein gehackte Cornichons

1 TL fein gehackte Schalottenwürfel

1 TL fein gehackte glatte Petersilie

Alle Zutaten in einer Schüssel verrühren. Die Remoulade in einen luftdicht schließenden Behälter füllen. Im Kühlschrank 4–5 Tage haltbar.

GREEN GODDESS DRESSING

ERGIBT 250 ML

½ Avocado, Fruchtfleisch herausgelöst

60 ml Kokosmilch

40 ml frisch gepresster Zitronensaft

1 Knoblauchzehe, zerdrückt

2 Sardellenfilets in Salz, abgespült, trocken getupft und fein gehackt

30 g grob gehackte glatte Petersilie

10 g grob gehacktes Basilikum

1 EL grob gehackter Estragon

¼ TL Meersalz

120 ml natives Olivenöl extra

Avocado, Kokosmilch, Zitronensaft, Knoblauch, Sardellen, Kräuter und Meersalz im Mixer pürieren. Bei laufendem Motor langsam das Öl dazugießen und weitermixen, bis das Dressing dickflüssig ist und die Kräuter fein zerkleinert sind. Das Dressing ist im Kühlschrank 5 Tage haltbar.

ROMESCO-SAUCE

ERGIBT 300 ML

2 reife Tomaten, halbiert

1 rote Chilischote, längs halbiert und entkernt

1 TL edelsüßes Paprikapulver

1 EL Kokosöl, zerlassen

Meersalz und schwarzer Pfeffer

12 blanchierte Mandeln, eingeweicht (s. S. 209) und angeröstet

12 Haselnusskerne, eingeweicht (s. S. 209), angeröstet und enthäutet

2 geröstete Paprikaschoten (s. S. 208), entkernt

3 Knoblauchzehen, zerdrückt

2 EL Rotweinessig

80 ml natives Olivenöl extra

Die Tomaten- und Chilihälften in einer Schüssel mit dem Paprikapulver bestreuen und mit Kokosöl beträufeln. Mit Meersalz und frisch geschrotetem Pfeffer würzen und gut mischen.

Eine Grillpfanne bei starker Hitze heiß werden lassen. Die Tomaten und Chilis mit der Hautseite nach unten hineinlegen und etwa 4 Minuten braten, bis sie weich sind und ihre Haut dunkle Blasen wirft. Die Hälften häuten und grob hacken.

Mandeln und Haselnüsse im Mixer fein zerkleinern. Gehackte Tomaten und Chilis, geröstete Paprika, Knoblauch und Essig zufügen und alles zu einer Paste pürieren. Bei laufendem Motor langsam das Öl dazugießen und untermixen. Die Sauce mit Salz und Pfeffer abschmecken. In eine Schüssel füllen, mit Frischhaltefolie abdecken und bis zur Verwendung kühlen. Die Sauce ist im Kühlschrank 1 Woche haltbar.

ROTE CURRYPASTE

ERGIBT 200 G

12 getrocknete lange Chilischoten, entkernt (10 g)

1½ EL Koriandersamen

1 EL Kreuzkümmelsamen

1 TL schwarze Pfefferkörner

4 EL Kokosöl

2–3 Vogelaugenchilischoten, entkernt und gehackt

2 EL fein gehackte Schalottenwürfel

2 EL zerdrückter Knoblauch

1 EL frisch geriebener Galgant

2 EL fein gehacktes Zitronengras (nur der helle Teil)

1 EL fein gehackte Korianderstängel

2 TL Thai-Garnelenpaste

1 Kaffirlimettenblatt, fein gehackt

1 TL Meersalz

Die getrockneten Chilis in einer Schüssel mit heißem Wasser bedecken und 15 Minuten quellen lassen.

Inzwischen Koriander, Kreuzkümmel und Pfefferkörner in einer Pfanne ohne Fett bei mittlerer Hitze 2 Minuten rösten. Vom Herd nehmen und abkühlen lassen, dann im Mörser fein zerstoßen.

Die Chilis abgießen, zur Würzmischung in den Mörser geben und ebenfalls fein zerstoßen.

Das Kokosöl in der Pfanne bei mittlerer Hitze zerlassen. Vogelaugenchilis, Schalottenwürfel, Knoblauch, Galgant, Zitronengras und Korianderstängel hineingeben und in 5 Minuten weich braten. Die Mischung in den Mörser füllen. Garnelenpaste, Limettenblatt und Meersalz zufügen und alles zu einer glatten Paste zerreiben. Alternativ alle Zutaten mit 80 ml Wasser im Mixer fein pürieren.

Im Kühlschrank aufbewahrt ist die Currypaste 1 Monat haltbar.

GELBE CURRYPASTE

ERGIBT 250 G

6 getrocknete scharfe Chilischoten	5 cm frischer Ingwer, geschält und gerieben
4 EL Kokosöl	2,5 cm frischer Galgant, geschält und gerieben
10 Knoblauchzehen, zerdrückt	5 cm frische Kurkuma, geschält und gerieben
6 Schalotten, fein gewürfelt	4 Kaffirlimettenblätter, gehackt
1 TL Thai-Garnelenpaste	1 TL Meersalz

Die Chilis in einer Schüssel mit 250 ml heißem Wasser übergießen und 30 Minuten quellen lassen. Danach abgießen und dabei 80 ml Einweichwasser auffangen.

Das Kokosöl in einer Pfanne bei mittlerer Hitze heiß werden lassen. Die Chilis mit den restlichen Zutaten darin 5–10 Minuten garen, bis die Mischung weich ist und aromatisch duftet. Mit dem Einweichwasser im Mixer glatt pürieren. Die Paste in einen luftdichten Behälter füllen, im Kühlschrank gelagert ist sie 1 Monat haltbar.

HARISSA

ERGIBT ETWA 250 ML

40 g getrocknete scharfe Chilischoten, entkernt	80 ml Olivenöl
2 frische rote Chilischoten	4 Knoblauchzehen, geschält
½ TL Kümmelsamen	2 EL frisch gepresster Zitronensaft
¼ TL Koriandersamen	½ TL Tomatenmark
¼ TL Kreuzkümmelsamen	½ TL Meersalz

Den Backofen auf 200 °C vorheizen. Die getrockneten Chilis in einer Schüssel mit heißem Wasser übergießen und 30 Minuten quellen lassen.

Die frischen Chilis auf ein Backblech legen und im heißen Ofen 20 Minuten rösten, bis ihre Haut dunkle Blasen wirft. Herausnehmen, in Küchenpapier wickeln und abkühlen lassen. Dann die verbrannte Haut abschaben, die Schoten halbieren, entkernen und grob hacken.

Kümmel, Koriander und Kreuzkümmel in einer Pfanne ohne Fett 3 Minuten rösten. In der Gewürzmühle oder im Mörser zerkleinern.

Eingeweichte und geröstete Chilis, geröstete Gewürze, Olivenöl, Knoblauch, Zitronensaft, Tomatenmark und Meersalz im Mixer in Intervallen zu einer Paste pürieren. Die Harissa in ein Schraubglas füllen, verschließen und kühlen. Im Kühlschrank gelagert ist sie 1 Monat haltbar.

FERMENTIERTE CHILISAUCE

ERGIBT 1 L

Starterkultur für Sauerkraut (aus dem Internet, s. S. 212)	2 EL Bio-Honig
	2 TL Meersalz
1,5 kg frische rote Chilischoten	**Außerdem**
4–6 Knoblauchzehen, geschält	Gärglas (1 l Inhalt) mit Gärrohr

Zuerst das Gärglas und alle benötigten Geräte mit sehr heißem Wasser abwaschen. Alternativ alles bei hoher Temperatur in der Spülmaschine reinigen, dabei jedoch kein Spülmittel verwenden!

Die Starterkultur nach Packungsangabe mit gefiltertem Wasser aktivieren.

Chilis, Knoblauch, Honig, Meersalz und die aufgelöste Starterkultur im Mixer fein pürieren. Die Mischung in das vorbereitete Gärglas füllen. Das Gärrohr in den Deckel einsetzen und das Glas damit verschließen. Die Sauce anschließend 5–7 Tage an einem dunklen, warmen (16–23 °C) Ort vergären lassen. Alternativ das Glas in eine Kühltasche stellen.

Nach der Gärzeit nach Belieben die Kerne aus der Sauce entfernen. Dafür ein feines Sieb auf eine Schüssel setzen und die fermentierte Chilisauce durch das Sieb streichen. Dabei mit einem Kochlöffel kräftig ausdrücken, um möglichst viel Sauce zu erhalten. Den Siebinhalt wegwerfen.

Die Chilisauce in ein sauberes Einmachglas füllen. Das Glas verschließen und kühlen. Im Kühlschrank gelagert ist die Sauce mehrere Monate haltbar.

FERMENTIERTER SENF

ERGIBT 250 ML

80 g braune und gelbe
Senfsamen

1 Schalotte, fein gewürfelt

½ EL zerdrückter Knoblauch

180 ml fermentierte Lake, vom
Sauerkraut (s. S. 66), abgesiebt

1 EL Ahornsirup

Meersalz

Außerdem
Schraubglas (250 ml Inhalt)

Zuerst das Schraubglas und alle benötigten Geräte mit
mit sehr heißem Wasser abwaschen. Alternativ alles bei
hoher Temperatur in der Spülmaschine reinigen, dabei
jedoch kein Spülmittel verwenden!

Senfsamen, Schalottenwürfel, Knoblauch und Sauerkraut-
lake in eine Glas- oder Edelstahlschüssel geben und bei
Raumtemperatur über Nacht quellen lassen.

Danach die Senfmischung mit dem Ahornsirup in der
Küchenmaschine bis zur gewünschten Konsistenz zerkleinern. Den Senf mit Meersalz abschmecken.

Den fermentierten Senf in das vorbereitete Schraubglas
füllen. Das Glas verschließen und kühlen. Im Kühlschrank gelagert ist der Senf mehrere Monate haltbar.

FERMENTIERTER KETCHUP

ERGIBT ETWA 750 ML

Starterkultur für Sauerkraut
(aus dem Internet, s. S. 212)

500 g Tomatenmark (am
besten selbst gemacht)

100 g Bio-Honig oder
Ahornsirup

2 EL naturtrüber Apfelessig

1 Knoblauchzehe, zerdrückt

1 rote Chilischote, halbiert,
entkernt und in dünne Streifen
geschnitten

1 TL gemahlenes Piment

½ TL gemahlene
Gewürznelken

Meersalz und schwarzer
Pfeffer

Außerdem
Gärglas (750 ml Inhalt)
mit Gärrohr

Zuerst das Gärglas und alle benötigten Geräte mit sehr
heißem Wasser abwaschen. Alternativ alles bei hoher
Temperatur in der Spülmaschine reinigen, dabei jedoch
kein Spülmittel verwenden!

Die Starterkultur nach Packungsangabe mit Wasser
aktivieren.

Tomatenmark und Honig in einer Glas- oder Edelstahl-
schüssel mit einem Schneebesen verrühren. Aufgelöste
Starterkultur, 125 ml Wasser, Essig, Knoblauch, Chili, Piment,
Gewürznelken, 1 TL Meersalz und etwas frisch geschrote-
ten Pfeffer zufügen. Alles glatt rühren. Für dünnflüssigeren
Ketchup noch etwas Wasser oder Essig einrühren.

Den Ketchup in das vorbereitete Gärglas füllen. Das
Gärrohr in den Deckel einsetzen und das Glas damit
verschließen. Den Ketchup 3–5 Tage an einem dunklen,
warmen (16–23 °C) Ort oder in einer Kühltasche vergären
lassen. Je wärmer es ist, desto kürzer ist die Gärzeit. Und
je länger der Ketchup fermentiert, desto stärker vermehren sich die nützlichen Bakterien. Wie lange der Ketchup
fermentiert wird, ist Geschmackssache: Kurz fermentiert
schmeckt er mild, nach einer längeren Gärzeit kräftiger.

Den fertigen Ketchup in ein sauberes Schraubglas füllen.
Das Glas verschließen und kühlen. Im Kühlschrank gelagert ist der Ketchup mehrere Monate haltbar.

TABIL
(TUNESISCHE WÜRZMISCHUNG)

ERGIBT 30 G

20 g Koriandersamen

2 EL Kreuzkümmelsamen

1 EL Kümmelsamen

2 TL Chiliflocken

2 TL Knoblauchpulver

Koriander, Kreuzkümmel, Kümmel und Chiliflocken in
einer Pfanne ohne Fett etwa 3 Minuten rösten, bis sie
duften, dabei die Pfanne ständig schwenken. Vom Herd
nehmen und abkühlen lassen.

Die Gewürze in der Gewürzmühle oder im Mörser fein
mahlen bzw. zerstoßen. Das Knoblauchpulver unterrühren und die Würzmischung in einen luftdicht schließenden Behälter füllen. So gelagert ist sie 1 Monat haltbar.

TÜRKISCHE WÜRZMISCHUNG

ERGIBT ETWA 80 G

35 g gemahlener
Kreuzkümmel

3 EL getrocknete Minze

3 EL getrockneter Oregano

2 EL edelsüßes Paprikapulver

2 EL frisch geschroteter
schwarzer Pfeffer

2 TL rosenscharfes
Paprikapulver

Alle Zutaten in ein Schraubglas füllen. Das Glas verschließen und kräftig schütteln. Die Würzmischung ist
9 Monate haltbar.

KONFIERTE KNOBLAUCHZEHEN

ERGIBT 25 STÜCK

25 Knoblauchzehen, geschält   250 ml Kokos- oder
Macadamiaöl

Die Knoblauchzehen mit dem Öl in einen Topf geben
und bei sehr schwacher Hitze in etwa 2 Stunden weich
garen. Vollständig abkühlen lassen. Dann mit dem Öl in
ein Schraubglas füllen und verschließen. Im Kühlschrank
gelagert ist der Knoblauch 2 Wochen haltbar.

GEBRATENER KNOBLAUCH

ERGIBT 4 EL

6 Knoblauchzehen, in dünne   250 g Kokosöl, zerlassen
Scheiben geschnitten

Den Knoblauch mit dem Öl in einen kleinen Topf geben.
Bei mittlerer Hitze 2–4 Minuten braten, bis er bräunt.
(Achtung: Je nach Dicke bräunen die Scheiben eventuell
früher.) Den Knoblauch mit einem Schaumlöffel herausheben und auf Küchenpapier abtropfen lassen. In einem
luftdicht schließenden Behälter 2 Wochen haltbar.

GEBRATENE SCHALOTTEN

ERGIBT 5 EL

4 Schalotten, in dünne Ringe   500 g Kokosöl, zerlassen
geschnitten

Die Schalotten mit dem Öl in einen kleinen Topf geben.
Bei mittlerer Hitze 2–4 Minuten braten, bis sie bräunen.
(Achtung: Je nach Dicke bräunen die Ringe eventuell
früher.) Die Schalotten mit einem Schaumlöffel herausheben und auf Küchenpapier abtropfen lassen. In einem
luftdicht schließenden Behälter 2 Wochen haltbar.

GEBRATENE CHILISCHOTEN

ERGIBT 5 EL CHILIS UND 500 ML CHILIÖL

4 rote Chilischoten,   500 g Kokosöl, zerlassen
entkernt und in dünne Ringe
geschnitten

Die Chilis mit dem Öl in einen kleinen Topf geben. Bei
mittlerer Hitze 2–4 Minuten braten, bis sie bräunen.
(Achtung: Je nach Dicke bräunen die Ringe eventuell
früher.) Die Chilis mit einem Schaumlöffel herausheben
und auf Küchenpapier abtropfen lassen. In einem luftdicht schließenden Behälter 1 Woche haltbar. Das Chiliöl
anderweitig verwenden.

LEINSAMEN-CRACKER

FÜR 6–8 PERSONEN

150 g gelbe oder braune   1 TL Gewürz (z. B. Cayenne-
Leinsamen   pfeffer, geräuchertes Paprika-
                              pulver, gemahlener Kreuz-
80 g gemischte Kerne (z. B.   kümmel, Fenchelsamen)
Kürbiskerne, Sonnenblumen-
kerne und Sesamsamen)   ½ TL Meersalz

Die Leinsamen in einer Schüssel mit Wasser bedecken
und über Nacht quellen lassen. Die Kernemischung in
eine zweite Schüssel geben, ebenfalls mit Wasser bedecken und über Nacht einweichen.

Am nächsten Tag die Leinsamen abgießen. Die Kernemischung abgießen und abspülen, dann mit den gequolle-
nen Leinsamen mischen. Gewürz und Meersalz dazugeben und die Mischung im Mixer grob zerkleinern.

Den Backofen auf 50 °C vorheizen. Die Leinsamenmischung sehr dünn auf zwei Backbleche streichen und
im heißen Backofen etwa 6 Stunden trocknen. Dabei
nach der Hälfte der Backzeit wenden. Herausnehmen
und auf den Blechen auskühlen lassen.

Die Cracker in Stücke schneiden oder brechen. In
einer luftdicht schließenden Dose sind die Cracker
2–4 Wochen haltbar.

———————————

Varianten

Mit Algen: Die Leinsamenmischung wie beschrieben
zubereiten. Das Gewürz jedoch durch 1 EL Spirulinapulver
und 1 EL getrocknete Dulse-Flocken ersetzen.

Mit Curry: Die Leinsamenmischung wie beschrieben
zubereiten. Das Gewürz jedoch gegen 1½ EL Currypulver
und 1 TL Knoblauchpulver tauschen.

Mit Tomaten und italienischen Kräutern: 12 getrocknete
Tomaten (in Olivenöl) abtropfen lassen und trocken tupfen.
Die Tomaten dann im Mixer glatt pürieren. Die Leinsamenmischung wie beschrieben zubereiten. Das Gewürz jedoch
durch 1 TL italienische Kräuter, 1 TL Knoblauchpulver und
das Tomatenpüree ersetzen.

MACADAMIA-KÄSE

ERGIBT 200 G

150 g Macadamianusskerne

2 TL frisch gepresster Zitronensaft, plus mehr bei Bedarf

Meersalz und schwarzer Pfeffer

Die Nüsse in einer Schüssel mit 750 ml Wasser übergießen und 1–4 Stunden einweichen. Danach abgießen und gut abspülen.

Die Nüsse mit Zitronensaft, ½ TL Meersalz und 1 Prise frisch geschrotetem Pfeffer in den Mixer füllen. In Intervallen 1 Minute zerkleinern, dann 80 ml Wasser zugießen und die Nüsse glatt pürieren. Für einen würzigeren Käse mehr Zitronensaft untermixen. Den Käse in einen luftdichten Behälter füllen. Im Kühlschrank gelagert 5–7 Tage haltbar.

CASHEW-KÄSE

ERGIBT 200 G

150 g Cashewkerne

2 EL frisch gepresster Zitronensaft, plus mehr bei Bedarf

Meersalz und schwarzer Pfeffer

Die Nüsse mit Zitronensaft, ½ TL Meersalz und 1 Prise frisch geschrotetem Pfeffer in den Mixer füllen. In Intervallen 1 Minute zerkleinern, dann 60 ml Wasser zugießen und die Nüsse glatt pürieren. Für einen würzigeren Käse mehr Zitronensaft untermixen. Den Käse in einen luftdichten Behälter füllen. Im Kühlschrank gelagert 5–7 Tage haltbar.

MARINIERTE OLIVEN

FÜR 2 PERSONEN

1 TL Fenchelsamen

1 TL Kreuzkümmelsamen

1 TL Koriandersamen

120 g gemischte Oliven

150 ml natives Olivenöl extra

1 EL Sherryessig

abgeriebene Schale von 1 Bio-Orange oder -Zitrone

1 Knoblauchzehe, zerdrückt

1 Prise Chiliflocken (oder nach Geschmack)

1–2 Zweige Rosmarin, Nadeln abgezupft

einige Zweige Thymian

Meersalz und schwarzer Pfeffer

Fenchel, Kreuzkümmel und Koriander in einer Pfanne ohne Fett bei mittlerer Hitze etwa 5 Minuten rösten, bis sie duften. Dabei die Pfanne häufig schwenken.

Die Oliven mit Öl, Essig, Orangenschale, Knoblauch, Chiliflocken, Rosmarin, Thymian, ¼ TL Meersalz und ¼ TL frisch geschrotetem Pfeffer in eine Schüssel geben.

Die gerösteten Gewürze zufügen und alles vermischen. Die Oliven mindestens 1 Stunde, besser über Nacht, durchziehen lassen.

Die Oliven zum Aufbewahren in ein sauberes Schraubglas füllen. Darauf achten, dass die Oliven immer vollständig mit Öl bedeckt sind, so sind sie 1 Monat haltbar.

GERÖSTETE PAPRIKASCHOTEN

ERGIBT 2 STÜCK

2 rote Paprikaschoten

Den Backofen auf 230 °C vorheizen, ein Backblech mit Backpapier belegen. Die Paprika auf das Blech legen und im heißen Ofen 20–30 Minuten rösten, bis ihre Haut dunkle Blasen wirft. Die Schoten herausnehmen, in eine Schüssel legen und mit Frischhaltefolie bedecken oder in einen Gefrierbeutel füllen und abkühlen lassen.

Die Schoten danach häuten, halbieren und entkernen. Das Fruchtfleisch je nach Rezept verwenden. In einem luftdichten Behälter sind die gerösteten Paprika im Kühlschrank 1 Woche haltbar.

KALMAR VORBEREITEN

1 ganzer Kalmar

Den Kalmar kalt abspülen und abtropfen lassen. Die Tentakel mit den anhängenden Eingeweiden aus dem Körperbeutel ziehen. Den Tintenbeutel von den Innereien abtrennen und anderweitig verwenden oder wegwerfen. Die Tentakel knapp vor den Augen so abtrennen, dass sie durch einen schmalen Ring verbunden bleiben. Die Kauwerkzeuge mit den Fingern von unten durch die Tentakel herausdrücken und ebenfalls wegwerfen. Die Flossen mit einem scharfen Messer vom Körperbeutel schneiden. Dann die Membran vom Körperbeutel lösen. Dafür mit einem Finger darunterfahren und die Membran in einem Stück abziehen, ebenfalls wegwerfen. Von den Flossen ebenfalls die Membranen entfernen. Den Schulp aus dem Körperbeutel ziehen. Den Körperbeutel längs aufschneiden, innen säubern und mit einem scharfen Messer rautenförmig einritzen. Alternativ den Körperbeutel wie im Rezept angegeben verwenden.

NÜSSE UND SAMEN EINWEICHEN

ERGIBT JEWEILS ETWA 500 G

500 g Mandeln, Nusskerne
oder Samen

Mandeln, Nüsse oder Samen in eine Schüssel geben und mit gefiltertem Wasser bedecken. Wie folgt quellen lassen:

Cashewkerne: 2–4 Stunden

Haselnusskerne: 12 Stunden

Kürbiskerne: 7–10 Stunden

Macadamianusskerne: 7–12 Stunden

Mandeln: 12 Stunden

Paranusskerne: 12 Stunden

Pekannusskerne: 4–6 Stunden

Pistazien: 4–6 Stunden

Sonnenblumenkerne: 2 Stunden

Walnusskerne: 4–8 Stunden

Nach dem Einweichen sind die Kerne prall und weich und beginnen eventuell zu keimen. Die Kerne in ein Sieb abgießen und unter fließendem Wasser abspülen. Dann trocknen lassen.

Sollen die Kerne zusätzlich geröstet werden, diese auf einem Backblech verteilen und bei 50 °C im Backofen 6–24 Stunden rösten. Nur bei niedriger Temperatur bleiben ihre wertvollen Inhaltsstoffe erhalten. Die Kerne sind fertig geröstet, wenn sie sich trocken anfühlen und auch so schmecken. Alternativ im Dörrgerät rösten.

Die eingeweichten Kerne wie herkömmliche Mandeln, Nüsse oder Samen verwenden. Sie können auch gemahlen werden. Zum Aufbewahren in einen luftdicht schließenden Behälter füllen und bei Raumtemperatur lagern.

LSM-MEHL (MANDEL-SAMEN-MISCHUNG)

ERGIBT 850 G

450 g gelbe oder braune
Leinsamen

250 g Sonnenblumenkerne,
eingeweicht

150 g Mandeln, eingeweicht
(s. links)

Leinsamen, Sonnenblumenkerne und Mandeln im Mixer auf höchster Stufe 2–3 Minuten fein zerkleinern. Das Mehl in ein Schraubglas füllen und verschließen. Im Kühlschrank gelagert ist das Mehl 3 Monate haltbar.

ZITRUSFRÜCHTE FILETIEREN

1 Limette, Zitrone, Orange
oder andere Zitrusfrucht

Die Frucht mit einem scharfen, kleinen Messer dick schälen, dabei die weiße Innenhaut vollständig mit entfernen. Danach die Frucht jeweils entlang der Trennwände bis zur Mitte einschneiden und die Fruchtfilets herauslösen. Dabei über einer Schüssel arbeiten und den abtropfenden Saft auffangen. Die Fruchtfilets und den Saft je nach Rezept verwenden.

SCHOKO-SPECK

ERGIBT 16 STÜCK

8 Scheiben Frühstücksspeck
(Bacon), quer halbiert

80 ml Ahornsirup

100 g Rohkakao-Schokolade
(s. S. 210)

50 g Kürbiskerne zum
Bestreuen

Den Backofen auf 200 °C vorheizen, ein Backblech mit Backpapier belegen. Die Speckstücke nebeneinander auf das Blech legen und mit Ahornsirup bestreichen. Im heißen Ofen 8–10 Minuten knusprig rösten. Herausnehmen und auf dem Blech abkühlen lassen.

Inzwischen die Schokolade in Stücke brechen und in eine Metallschüssel geben. Die Schüssel über ein heißes Wasserbad setzen und die Schokolade schmelzen lassen. Dabei darauf achten, dass der Schüsselboden das Wasser nicht berührt. Die Speckstücke in die flüssige Schokolade tauchen, auf ein Gitter legen und überschüssige Schokolade abtropfen lassen. Dann mit Kürbiskernen bestreuen und einige Minuten fest werden lassen. Den Schoko-Speck je nach Rezept verwenden.

SÜSSER MÜRBETEIG

FÜR 1 PIE-FORM (23 CM Ø)

50 g Mandelmehl

50 g Kokosmehl

30 g Pfeilwurzelmehl, plus
mehr zum Arbeiten

125 g kaltes Ghee oder
Kokosöl, gewürfelt

3 EL Bio-Honig

1 Ei, verquirlt

Mandel-, Kokos- und Pfeilwurzelmehl in einer Schüssel
mischen. Das Ghee zugeben und alles mit den Finger-
spitzen zu Streuseln verreiben. Honig und Ei unterkneten.

Den Teig auf der dünn mit Pfeilwurzelmehl bestreuten
Arbeitsfläche verkneten, bis er glatt ist (anfangs kann
er feucht und klebrig sein). Den Teig in Frischhaltefolie
wickeln und etwa 30 Minuten kühlen, bis er fest genug
zum Ausrollen ist.

Im Kühlschrank gelagert, ist der Teig 1 Woche oder tiefgekühlt 3 Monate haltbar.

Tipp: Nach diesem Rezept können Sie auch herzhaften
Mürbeteig für Pies und Quiches zubereiten. Dafür statt
Honig etwas Meersalz unterkneten.

ROHKAKAO-SCHOKOLADE

ERGIBT ETWA 500 G

250 g Kakaobutter

120 g rohes Bio-Kakaopulver,
gesiebt

90 g Bio-Honig

Ein Backblech mit Backpapier belegen. Eine Metallschüssel über ein heißes Wasserbad setzen. Dabei
darauf achten, dass der Schüsselboden das Wasser nicht
berührt. Die Kakaobutter in die Schüssel geben und bei
mittlerer Hitze schmelzen lassen. Die Schüssel vom Topf
nehmen und Kakaopulver und Honig unter die Kakaobutter rühren, bis die Schokolade glatt ist. Achtung:
Dabei darf kein Wassertropfen oder Wasserdampf in die
Schokolade gelangen, sonst wird sie stumpf.

Die Schokolade auf das Backblech gießen und bei Raumtemperatur fest werden lassen. Alternativ das Blech in den
Kühlschrank stellen, hier härtet die Schokolade schneller.

Die Schokolade vom Blech nehmen und in Stücke
brechen. In einem luftdichten Behälter im Kühlschrank
gelagert, ist die Schokolade 2–3 Wochen haltbar.

SCHOKOLADENSAUCE

ERGIBT 600 ML

300 g Bio-Honig

80 g Kokosöl

120 g rohes Bio-Kakaopulver

150 ml Kokossahne

Honig und Kokosöl mit 125 ml warmem Wasser in einem
Topf bei mittlerer bis starker Hitze zum Kochen bringen.
Das Kakaopulver mit einem Schneebesen unterrühren.
Zuletzt die Kokossahne unterziehen. Die Sauce durch
ein feines Sieb streichen und abkühlen lassen.

In einem luftdichten Behälter im Kühlschrank gelagert,
ist die Sauce 2–3 Wochen haltbar.

GESCHLAGENE KOKOSSAHNE

ERGIBT ETWA 250 G

2 Dosen Kokosmilch
(à 440 ml)

2 EL Bio-Honig (oder nach
Geschmack)

Die Kokosmilch und die Edelstahlschüssel der Küchenmaschine oder eine Rührschüssel über Nacht kühlen.

Die Kokosmilchdosen öffnen und die Sahneschicht von
der wässrigen Kokosmilch abheben (die Milch anderweitig verwenden).

Die feste Kokossahne mit dem Honig in die gekühlte
Schüssel geben. Mit dem Schneebesen der Küchenmaschine 3–5 Minuten auf höchster Stufe schlagen, bis
sich weiche Spitzen bilden. Alternativ mit dem Handrührgerät aufschlagen. Die Schlagsahne vor dem Servieren
40 Minuten im Kühlschrank fest werden lassen.

PALEO-VANILLEEIS

ERGIBT 1,2 L

1 EL Gelatinepulver

450 ml Kokossahne

450 ml Kokosmilch

2 Vanilleschoten, längs
aufgeschlitzt und das Mark
herausgeschabt

4 Eigelb

170 g Bio-Honig oder
Ahornsirup

Außerdem
Eismaschine

Die Gelatine in 3 EL Kokossahne auflösen. Die restliche
Kokossahne mit Kokosmilch, Vanilleschoten und Vanillemark in einen Topf geben. Bei mittlerer bis starker Hitze
unter gelegentlichem Rühren zum Kochen bringen. Die
aufgelöste Gelatine einrühren.

Die Eigelbe mit dem Honig in einer großen Schüssel mit einem Schneebesen hell und dickschaumig aufschlagen. Die Hälfte der heißen Kokosmischung unter Rühren dazugießen, dann die restliche Kokosmischung unterschlagen. Die Masse in einen Topf gießen.

Die Kokosmasse bei mittlerer Hitze unter ständigem Rühren mit einem Kochlöffel 5–8 Minuten köcheln lassen, bis sie cremig wird und den Löffelrücken deckend überzieht. Die Kokosmasse durch ein feines Sieb in eine Schüssel streichen. Mit Frischhaltefolie abdecken und mindestens 2 Stunden, besser über Nacht, in den Kühlschrank stellen, bis sie sehr kalt ist.

Die gekühlte Kokosmasse in die Eismaschine füllen und nach Herstellerangaben cremig gefrieren lassen. Das fertige Eis aus der Maschine schaben, in einen Gefrierbehälter füllen und tiefkühlen, bis es fest ist. Das Eis bei Bedarf vor dem Servieren im Kühlschrank kurz antauen lassen.

Variante

Schokoladeneis: Die Kokosmischung wie beschrieben zubereiten, dabei jedoch Vanilleschoten und Vanillemark durch 40 g rohes Bio-Kakaopulver ersetzen. Wie beschrieben fortfahren.

VANILLE-MARSHMALLOWS
ERGIBT ETWA 30 STÜCK

3¼ EL Gelatinepulver
350 g Bio-Honig
1 Eiweiß

½ TL gemahlene Vanille oder Mark von 1 Vanilleschote

Außerdem
rechteckige Form (etwa 20 × 30 cm)

Pfeilwurzelpulver oder Kokosraspel für die Form und zum Bestreuen

Die Form mit Backpapier auslegen und das Papier dünn mit Pfeilwurzelmehl bestreuen.

Die Gelatine in einer kleinen Schüssel in 125 ml Wasser auflösen. Den Honig mit 125 ml Wasser in einen Topf geben und bei mittlerer Hitze unter Rühren erhitzen, bis er sich auflöst. Den Sirup dann weiter auf 121 °C erhitzen, die Temperatur mit einem Zuckerthermometer prüfen.

Inzwischen das Eiweiß mit dem Schneebesen in der Rührschüssel der Küchenmaschine oder mit dem Handrührgerät auf mittlerer bis höchster Stufe schaumig schlagen. Unter ständigem Schlagen zuerst die aufgelöste Gelatine, dann den Honigsirup einrühren. Die Vanille

einstreuen und weiterschlagen, bis sich weiche Spitzen bilden und die Masse seidig weiß glänzt. Die Marshmallow-Masse dann noch etwa 5 Minuten weiterschlagen, bis sie abgekühlt ist.

Die Marshmallow-Masse in die Form füllen und gleichmäßig darin verstreichen. Dünn mit Pfeilwurzelmehl bestreuen und im Kühlschrank in etwa 2 Stunden fest werden lassen. Die Marshmallows danach in Quadrate schneiden und servieren.

DANK

Dieses Buch ist all jenen gewidmet, die den Mut haben, ausgetretene Pfade zu verlassen und den Paleo-Weg einzuschlagen. Bedenken Sie, dass Essen Medizin, aber auch Gift sein kann und dass wir alle ein Recht auf Gesundheit haben. Alles beginnt mit einer Entscheidung – danach kochen Sie, damit Sie essen und leben, lieben und lachen können. Danke!

Dieses Buch wäre nie erschienen, wenn nicht Nicola Robinson zum richtigen Zeitpunkt in mein Leben getreten wäre. Danke, mein Engel, für deine Liebe, Unterstützung und Klugheit und dafür, dass du an mich glaubst. Ich liebe dich! Chilli und Indii, meine süßen Mädels, ihr werdet jeden Tag klüger und schöner. Ich bin sehr neugierig, wohin euer Lebensweg euch führen wird … Aber ihr werdet sicherlich das Leben vieler Menschen bereichern.

Hannah Rahill, vielen Dank dafür, dass dieses Buch Wirklichkeit wurde, ohne klein geredet zu werden und ohne dass meine Botschaft auf der Strecke blieb. Mark Roper, hinter der Kamera bist du ein Zauberer! Danke für die wundervollen Fotos, die alle Gerichte zum Greifen nah erscheinen lassen. Deb Kaloper, du bist die Styling-Queen und hast das ganz seltene Talent, Gerichte natürlich und appetitlich aussehen zu lassen. Kim Laidlaw, danke, dass du meine Texte und Rezepte mit deinem unerschütterlichen Blick für Details überprüft und korrigiert hast. Monica & Jacinta, als Köchinnen seid ihr über euch hinausgewachsen. Ich bin stolz, dass ihr mich bei diesem Projekt unterstützt habt.

Ein Dankeschön an meine Mentoren Nora Gedgaudas, David Perlmutter, Rudolph Elkhardt, Pete Bablis, William Davis, Pete Melov, Bruce Fife, David Gillespie, Loren Cordain, Sandor Katz, Donna Gates, Sally Fallon, Weston A. Price, Mark Sisson, Robb Wolf, Joshua Rosenthal, Kitsa Yanniotis und an alle Menschen, die leben, um anderen zu helfen. Und ein ganz besonderer Dank geht an meine Mutter Joy: Ich hab dich lieb!

BEZUGSQUELLEN

www. kulau.de
Online-Shop mit breitem Angebot an Kokosprodukten, darunter junge Kokosnüsse, Kokoswasser und Kokosöl. Junge grüne Kokosnüsse bekommen Sie mittlerweile auch in gut sortierten Supermärkten.

www. raw-living.de
Online-Händler mit umfangreichem Angebot an Zutaten für die Paleoküche. Hier findet man z. B. *coconut aminos*, Nüsse und Samen, Maca-, Carob- und rohes Kakaopulver.

www. dragonspice.de
Wer Süßholzwurzel und andere Gewürze sucht, wird bei diesem Online-Anbieter fündig.

www. holzeis.com
Der Spezialist für Kellereibedarf bietet in seinem Online-Shop unter dem Stichwort »Früchte & Saft & Most« auch Starterkultur für Sauerkraut und Sauergemüse an.

REGISTER

Hinweise

Ofentemperaturen: Die angegebenen Temperaturen gelten für konventionelle Backöfen mit Ober- und Unter-
hitze. Beim Backen mit Heißluft- oder Umluftherden müssen Sie die Temperatur jeweils um etwa 20 °C reduzieren.
Bitte beachten Sie dazu die Gebrauchsanweisung bzw. Herstellerangaben des Backofens. Backen Sie stets in der
Ofenmitte.

Zutaten: Bei einigen Gerichten werden Eier, Fleisch, Fisch oder Meeresfrüchte roh serviert. Sie sind eventuell mit
Keimen belastet, die sonst beim Garen zerstört werden. Kaufen Sie deshalb diese Zutaten so frisch wie möglich und
lagern Sie sie bis zum Servieren im Kühlschrank. Wegen der gesundheitlichen Risiken sollten Babys, Kleinkinder,
Schwangere, alte Menschen sowie Menschen mit Immunschwäche solche Lebensmittel nicht essen. Autor und
Verlag sind nicht verantwortlich für Schäden, die aus der Verwendung der Rezepte und der Informationen dieses
Buches resultieren könnten. Sofern nicht anders angegeben, verwenden Sie bitte stets Eier der Größe M.

Für die deutsche Ausgabe:
Programmleitung Monika Schlitzer
Projektbetreuung Hannah Schrott
Herstellungsleitung Dorothee Whittaker
Herstellungskoordination Katharina Dürmeier
Herstellung Inga Reinke

Titel der englischen Originalausgabe:
The paleo chef: quick, flavorful paleo meals
for eating well

© 2015 by Pete Evans
Photographs © 2015 by Mark Roper,
except as noted below
Foreword © 2015 by Seamus Mullen

Photos pages 3 and 67 © 2015 by Steve Brown

Alle Rechte vorbehalten
This translation published by
arrangement with Ten Speed Press,
an imprint of the Crown Publishing Group,
a division of Random House LLC

© der deutschsprachigen Ausgabe by
Dorling Kindersley Verlag GmbH, München, 2015
Ein Unternehmen der Penguin Random House Group
Alle deutschsprachigen Rechte vorbehalten

Jegliche – auch auszugsweise – Verwertung, Wiedergabe, Ver-
vielfältigung oder Speicherung, ob elektronisch, mechanisch, durch
Fotokopie oder Aufzeichnung, bedarf der vorherigen schriftlichen
Genehmigung durch den Verlag.

Übersetzung Regine Brams
Lektorat Petra Teetz
Satz Roman Bold & Black

ISBN 978-3-8310-2777-4

Printed and bound in Italy by L.E.G.O. S.p.A.

Besuchen Sie uns im Internet
www.dorlingkindersley.de

Hinweis
Die Informationen und Ratschläge in diesem Buch sind von den
Autoren und vom Verlag sorgfältig erwogen und geprüft, dennoch
kann eine Garantie nicht übernommen werden.
Eine Haftung der Autoren bzw. des Verlags und seiner Beauftragten
für Personen-, Sach- und Vermögensschäden ist ausgeschlossen.